MARS

LIBRAIRIE

DE

Théophile BELIN

29, Quai Voltaire, PARIS

PARIS

LIBRAIRIE Théophile BELIN

29, QUAI VOLTAIRE, 29

—

1894

1065. **Abrégé** de l'histoire universelle en figures ou recueil d'estampes représentant les sujets les plus frappants de l'histoire tant sacrée que profane, ancienne et moderne, avec les explications historiques qui s'y rapportent par Vauvilliers. A Paris, chez Duflos. 1785, 5 vol. in-8, veau marb., fil., tr. dor. (Rel anc.). 200 fr.

> 196 planches dessinées par Monnet, gravées par Duflos, avec un texte au bas de la page. Très bel exemplaire.

1066. **Adeline** (Jules). Hippolyte Bellangé et son œuvre. L'ouvrage contient des catalogues illustrés des peintures, dessins. aquarelles et lithographies de Bellangé. Paris, Quantin, in-8, de 280 pp., illustré de nombreuses gravures dans le texte et de planches ho s texte en eaux-fortes et héliogravures reproduisant les œuvres capitales du maître, et d'un magnifique portrait. Au lieu de 20 fr. 10 fr.

> L'œuvre de ce peintre militaire est du plus grand intérêt, non seulement par le talent pittoresque mais par l'esprit tout français qu'il a mis dans ses compositions et dans les légendes amusantes ou philosophiques qui les accompagnent.

1067. **Adnotationes** et Meditationes in Evangelia quæ in sacrosancto missæ sacrificio toto anno leguntur... Auctore Hieronymo Natali Societatis Iesv Theologo. Antverpiæ, excudebat Martinus Nutius, 1594 95, in-fol.. titre gravé, maroq. rouge, tr. dor. 500 fr.

> Très riche et très fraîche reliure du commencement du XVIIe siècle, à compartiments de filets courbes avec rinceaux volutés, dauphins, petits fers, couvrant entièrement les plats.

1068. **Adriani** (Giovambatista). Istoria dé suoi tempi Prato per J. Fratelli Giachetti, 1822-1823, 8 tomes en 4 vol. gr. in-8, demi-veau fauve, n. rog. 10 fr.

> Bel exemplaire.

1069. **Alboize et Ch. Élie.** Fastes des gardes nationales de France. Paris, 1849, gr. in-8, dem. chag. 6 fr.

> Planches hors texte dont 2 coloriées.

1070. **Alciat.** Los emblemas | de Alciato, | traducitos en rhimas | españolas (par Bernardino Daza Pinciano). Añadidos | de figuras y de nuevos | Emblemas en la terce | ra parte de la obra. | En Lyon, por Guiliel | mo Rovillio, 1549. | gr. in-8 de 256 pp. 3 ff. non ch. de table et 1 f. blanc, fig. sur bois. mar. violet, fil. à fr. fleurons dorés, dent. int. tr. dor. (Belz-Niedrée). 100 fr.

> Première édition, peu commune, de cette traduction espagnole. Elle est ornée

de 200 figures sur bois, les mêmes que renferme l'édition française sous la même date, et d'encadrements sur bois variés au titre et à chaque f.

1071. **Alcoran** (L') des cordeliers, tant en latin qu'en français, c'est-à-dire recueil des plus notables bourdes et blasphèmes de ceux qui ont osé comparer Sainct-François à Jésus-Christ tiré du grand livre des conformitez, jadis composé par frère Barthelemi de Pise, cordelier en son vivant. Amsterdam 1734, 3 vol. in-12, veau fauve, dos ornés. 30 fr.

> Figures de Bernard Picart.

1072. **Aleman** (Mateo). Les gueux ou la vie de Guzman d'Alfarache, image de la vie humaine. Paris, Gasse. 1632, 3 parties rel. en 1 vol. in-12 vélin blanc. 5 fr.

> Déchirures et piqures de vers aux derniers feuillets. Très rare.

1073. **Analectabiblion**, ou extraits critiques, de divers livres rares, oubliés ou peu connus, tirés du cabinet du Mr D. R***. Paris, Techener, 1836, 2 vol. in-8, demi-veau fauve. 15 fr.

1074. **Anquetil.** Histoire de France depuis les Gaulois jusqu'à la mort de Louis XVI. Paris, Janet et Cotelle, 1817. — Gallais. Histoire de France depuis la mort de Louis XVI jusqu'au traité de paix du 20 Novembre 1815. Paris, Janet et Cotelle, 1819, 2 vol. — Table des matières. 1 vol. — Tables synchroniques, 1 vol. — Ensemble, 13 vol. in-8, dem. mar. viol. dos orné n. rog. (Thouvenin). 25 fr.

> Bel exemplaire.

1075. **Apophthegmes** (Les). Ce qui est à dire, promptz, subtilz et sententieux dictz de plusieurs roys, chefz d'armées, philosophes et autres grands personnaiges tant grecz que latins. Translatez de latin en francoys par Macault, notaire secrétaire et vallet de chambre du roy. Paris, 1545, in 16 mar. vert, tr. dor., ornements. 25 fr.

1076. **Apothéose** du dictionnaire de l'Académie et son expulsion de la région céleste, ouvrage contenant cinquante remarques critiques sur ce dictionnaire. La Haye, 1696, petit in-12, veau fauve, fil. tr. dor., front. gravé. (Niédrée). 15 fr.

> Ce livre n'est pas de Furetière, il paraît être attribué à tort à P. Richelet, qui y est fort critiqué. D'après d'Artigny ce livre serait d'un ecclésiastique qui l'aurait fait à Lyon dans le château de Pierre en Cise.

1077. **Après-Soupers** (Les), par l'auteur de trois dizains de Contes Gaulois. Paris, Rouveyre, 1883, in-12 demi-maroq. olive avec coins, tête dor., n. rog., dos orné, couv. (Bretault). 10 fr.

Illustrations de Henriot.

1078. **Aquarellistes français** (Société d'). Ouvrage d'art publié avec le concours artistique de tous les Sociétaire-, texte par les principaux critiques d'art. Paris, H. Launette, 1883, 8 livraisons in-fol. en cartons. 150 fr.

Illustré de photogravures tirées en couleur dans le texte et hors texte. Ouvrage magnifique.

1079. **Archives** de l'art français, recueil de documents inédits relatifs à l'histoire des Arts en France, publié sous la direction de Ph. de Chennevières. Paris, Dumoulin. 1851-60, 6 vol. in-8, dem. veau viol. tr. jasp. 45 fr.

1080. **Arène** (Paul). La Chèvre d'Or, roman inédit. Paris, Marpon, 1889, in-8, percal., n. rog. couv. 4 fr.

Illustrations de Georgetet et G. Scott.

1081. **Art** (L'). Revue bi-mensuelle illustrée. Paris, Rouam. De 1875 à 1878, 8 vol. in-fol., demi rel. mar. vert. avec coins, tête dor., non rog., (rel. neuve). — 1879 et 1880, 8 vol. br. : — du 2e semestre 1886 à fin 1889, 8 vol. br. et en livraisons. 150 fr.

1082. **Art** (L') de convertir le fer forgé en acier et l'Art d'adoucir le fer fondu, ou de faire des ouvrages de fer fondu aussi finis que du fer forgé. Paris, Brunet, 1722, in-4, 17 pl. in fol. pliées, gr. sur cuivre, mar. r. dos orné, fil. tr. dor. (Rel. anc.). 300 fr.

Bel exemplaire sur grand papier, aux armes du chancelier Daguesseau, avec les masses et les coquilles sur le dos de la reliure.

1083. **Artaud** (F). Descriptions d'une mosaïque représentant des feux du cirque. Découverte à Lyon le 18 février 1806. Lyon, Ballanche, 1806, in-fol. dem. chag., n. rog. 100 fr.

Frontispice et 50 planches coloriées.

1084. **Arts** (Les) du bois, des tissus et du papier par MM. de Champeaux, Darcel, Gaston Lebreton, Germain Bapst. Duplessis, V. Champier. Paris, Quantin. 1883. gr. in-8. br. neuf. Au lieu de 40 fr. 20 fr.

Illustré de 338 gravures. Cet ouvrage forme une véritable encyclopédie de l'art industriel.

1085. **Assoucy**. Le Ravissement de Proserpine, de M. d'Assoucy, poésie burlesque, enrichy de toutes ses figures. Paris, Pierre David, 1653, in-4, mar. r. dos orné, fil., dent. int., tr. dor. (Thibaron). 120 fr.

Bel exemplaire.

1086. **Athenagoras**. Du vray et parfait amour escrit en Grec, contenant les amours honestes de Theogènes et de Charide, de Pherecides et de Melangenie. Paris, Guillemot, 1612, pet. in-8, vélin blanc, tr. dor. 15 fr.

1087. **Aubigné** (Théodore Agrippa d'). Les Aventures du baron de Fœneste. Augmentée de plusieurs remarques historiques, de l'histoire secrète de l'auteur écrite par lui-même et de la bibliothèque de maître Guillaume, enrichie de notes par M. ***. Amsterdam 1731, 2 vol. pet. in-8, mar. bleu, til. dos ornés, dent. int. tr. dor. (Capé.) 75 fr.

Bel exemplaire avec de nombreux témoins. Frontispice de Rigaud.

1088. **Audebert** (J.-B.) et L. P. **Vieillot**. Histoire naturelle et générale des Colibris, oiseaux mouches, jacamars et promerops, grimpereaux et oiseaux de Paradis. Paris, Desrays 1802, 2 vol. in-fol., fig. cart. dos et coins de mar. rouge, non rogné. (Champs). 500 fr.

Très belle publication rare et recherchée, ornés de 190 superbes planches, finement coloriées. Exemplaire de l'édition in-folio, la plus estimée de cette publication, tirée à petit nombre, possédant la légende tirée en or au bas des planches. Très bel exemplaire.

1089. **Audebrand** (Philibert). Nos révolutionnaires pages d'histoire contemporaine, 1830 1880. Paris, 1886, in-8, br. 4 fr.

1090. **Audiger**. La Maison réglée et l'art de diriger la maison d'un grand seigneur et autres, tant à la ville qu'à la campagne... Avec la véritable méthode de faire toutes sortes d'essences d'eaux et de liqueurs... Paris, Brunet, 1700 planches sur cuivre. mar. bleu, til. dent. int., tr. dor. (Closs). 50 fr.

Ouvrage peu commun donnant de curieux détails sur la tenue d'une maison et sur le prix des différents objets de consommation à la fin du XVIIe siècle.

1091. **Balzac** (H. de). OEuvres complètes. Paris, C. Lévy, 1875-1876. 24 vol. — A. Cerfberr et J. Christophe. Répertoire de la Comédie humaine de H. de Balzac. 1 vol. — Le Vte de Spoelberch de Lovenjoul, 1 vol. Ensemble 26 vol. in-8, demi-chag.

lavall. tête jasp. n. rog.   135 fr.

Bel exemplaire.

1092. Bandel. Histoires tragiques extraites des œuvres italiennes de Bandel et mises en nostre langue par Pierre Boaistneau surnommé Launay, natif de Bretagne. Paris G. Robinot, 1559, pet. in 8 de 4 ff. limin. et 171 ff. chiff. plus 1 f. non chiffré, maroq. vert. fil. tr. dor. (Biziaux).   180 fr.

Première publication de Bandel comprenant six nouvelles, elle est rare. Le dernier feuillet non chiffré contient une pièce de poésie composée en l'honneur du seigneur de Launay, breton, par François de Belleforest, Comingeois.

Cet exemplaire, bien conservé, et très grand de marges (165 mill.), provient de la bibliothèque réservée de M. Renouard. La reliure est, avec l'étiquette, de Biziaux.

1093. Banquet de la vie. Absinthe épitaphes graduées à l'usage des veufs embarrassées dans l'expression de leurs regrets. Paris, Jouaust, 1873, in-12, demi-maroq. rouge avec coins, tête dor. n. rog.   9 fr.

1094. Bardoux (A.). La bourgeoisie française (1789-1848). Paris. C. Lévy, in-8, demi-percal. tête jasp., n. rog., couv.   5 fr.

1095. Barthelémy. Voyage du jeune Anacharsis en Grèce. Paris, Ledoux, 1822, 7 vol. gr. in 8 et atlas in-4, obl. de 39 planches, demi-rel., mar. bleu foncé avec coins, dos orné, tête dor. non rog. (Niedrée).   40 fr.

Edition ornee d'un portrait de l'auteur et de 6 gravures de Colin. Bel exemplaire sur grand papier vélin.

1096. Basan. Dictionnaire des graveurs anciens et modernes, depuis l'origine de la gravure par F. Basan, graveur, seconde édition mise par ordre alphabétique, considérablement augmentée et ornée de 50 estampes par différents artistes célèbres, ou sans aucune, au gré de l'amateur. A. Paris. chez l'auteur, 1789, 2 vol. in-8, demi-chag., n. rog.   100 fr.

Exemplaire avec la gravure du conte le Rossignol, tome II, page 89, par D. Picart, qui manque souvent.

1097. Bayle (Pierre). Dictionnaire historique et critique. Nouvelle édition augmentée. Paris, Desoer 1820, 16 vol. in-8, demi-maroq. viol. (Corfmat).   80 fr.

Exemplaire très-propre.

1098. Beaumarchais. La Folle Journée ou le mariage de Figaro, comédie en cinq actes et en prose. De l'imprimerie de la société littéraire typographique (Kehl), et se trouve à Paris, chez Ruault au Palais-Royal, 1785 gr. in-8, veau, dos orné.   120 fr.

5 figures par Saint-Quentin, gravées par Halbou, Liénard et Lingée.

1099. Beaumarchais. Œuvres complètes, nouvelle édition précédée d'une notice biographique par M. L. Moland. Paris, Garnier, frères, 1874, gr. in-8, cart. de l'éditeur, tr. dor.   8 fr.

Gravures sur acier d'après les dessins de Staal.

1100. Belidor. Le bombardier françois ou méthode de jetter les bombes avec précision. A Paris, de l'imp. Royale 1731, in-4, veau.   15 fr.

8 planches et 1 frontispice.

1101. Belin (J.-N.). Mon coup d'Œil (par J.-Belin). Paris, Robustel, 1769, in-12, maroq. vert, fil., dos orné, tr. dor.   30 fr.

Aux armes de J. Bignon.

1102. Béranger. Œuvres complètes, édition unique, revue par l'auteur. Paris, Perrotin, 1834, 4 vol. in-8, port. fig. et fac-simile demi-maroq. rouge à dos pl. n. rog.   60 fr.

104 vignettes en taille douce. On a ajouté 16 figures coloriées par Henri Monnier. Quelques piqures.

1103. Bergerat. Les cuirassiers de Reichshoffen. Paris, Lemerre, 1871, pet. in-8, demi-maroq. lavall., avec coins tête dor., non rogn. (14 pages).   60 fr.

Exemplaire sur papier de chine auquel on a ajouté 4 aquarelles dans les marges par H. de Sta.

1104. Bernardin de Saint-Pierre. Paul et Virginie, avec notice et notes par Anatole France. Paris, Lemerre, 1878, in 8, br. texte encadré.   12 fr.

L'un des 50 exemplaires sur papier Whatman.

1105. Bernardin de Saint-Pierre. Paul et Virginie. suite complète de 6 eaux-fortes et 2 vignettes composées et gravées par Ad. Lalauze. Paris, Liseux, 1879, in 8, en feuilles dans un carton.   10 fr.

Tirage sur papier de Chine.

1106. Béroalde de Verville. Le moyen de parvenir. Œuvre contenant la raison de ce qui, a esté, est et sera, avec démonstrations certaines, selon la rencontre des effets de vertu. Nouvelle édition collationnée sur les textes anciens, avec notes, variantes, index, glossaire et notice bibliographique par un bibliophile campagnard. Paris, L. Willem, 1870,

2 tomes en 1 vol. in-8, maroq. rouge,
fil. dos orné, dent. int. tr. dor. 100 fr.

Exemplaire avec les notes sur papier
de Chine. Très rare. Vignettes à mi-
page.

1107. Béroalde de Verville. Le
Moyen de parvenir. Nouvelle édition,
s. l., 1773, 2 vol. in-12 veau fauve
anc. front.   25 fr.

1108. Berquin. Romances. A Paris, de
l'imprimerie de Moutardier, 1797,
2 vol. in-16. mar. vert, tr. dor. (Rel.
anc.).   90 fr.

Titre gravé, 13 figures, épreuves en
double état, avant et avec les numéros,
plus 44 pages de musique gravée.

— Le même, 2 vol. in-12 veau, tr. dor.
                                  30 fr.

1109. Berton. Traité d'harmonie. Paris, Duhan, 1 vol. — Dictionnaire des
accords par le même. Paris, Duhan,
s. d., 3 vol. — Ensemble 4 vol. in-4,
demi-veau fauve. tr. rouge, dos orné.
                                  50 fr.

Portrait. Texte et musique gravés.

1110. Bibliographie instructive,
ou traité de la connaissance des livres
rares et singuliers. contenant un catalogue raisonné de la plus grande
partie de ces livres précieux... disposé par ordre de matières... avec
une table générale des auteurs et un
système complet de bibliographie
choisie, par G. Fr. de Bure le jeune.
Paris, de Bure le jeune, 1763-1768,
7 vol. — Supplément à la bibliothèque instructive, ou catalogue des
livres du cabinet de feu M. L. J.
Gaignat. Disposé et mis en ordre par
G. Fr. de Bure. Paris, de Bure, 1769,
2 vol. — Bibliographie instructive,
tome X, contenant une table destinée
à faciliter la recherche des ouvrages
anonymes... Paris, Gogué et Née de
La Rochelle, 1782, 1 vol. — Catalogue
des Livres provenant de la bibliothèque de M. L. D. D. L. V. (le duc
de La Vallière) disposé et mis en
ordre, par Guill. Franc. de Bure le
jeune. Paris, de Bure. 1767, 2 vol.
— Ens. 12 vol. in-4, mar. r. dos
orné, fil. dent. int. tr. dor. (Rel anc).
                                  150 fr.

Bel exemplaire sur grand papier de
Hollande, avec les prix d'adjudication
manuscrits au catalogue Gaignat.

1111. Bibliothèque des Théâtres
(Petite). Contenant un recueil des
meilleures pièces du théâtre françois,
tragique, comique. lyrique et bouffon.
depuis l'origine des spectacles en
France. jusqu'à nos jours. (publiée
par Th. Le Prince et Baudrais). Pa-

ris, 1787, 71 vol. petit in-12, veau.
                                  35 fr.

Le tome 6 du Molière manque.

1112. Bibliothèque Impériale. Dé-
partement des imprimés. Catalogue
de l'histoire de France, publié par
ordre de l'Empereur. Paris, Didot,
1855, 6 vol in-4, demi-rel. chag. vert,
plats toile.   40 fr.

**1113. Bibliothèque latine - fran-
çaise.** Collection des classiques latins avec la traduction en regard,
publiée par Panckouke Paris, Panckouke, 1830, 211 vol. in-8, et 2 atlas,
demi-rel. chag. noir, tête dor. n. rog.
                                  650 fr.

Bel exemplaire en reliure neuve.

1114. Bigarrures, ou Stromates sur
les livrées et les mœurs cléricales et
monacales, 1764, 21 opuscules en
1 gros in-12, v. m.   180 fr.

Savoir : Historica disquisitio de re
vestiaria hominis sacri (par l'abbé J.
Boileau). Amstelodami, 1704. — Les Ha-
bits monacal et clérical, historiette de
J.-P. Camus, évêque de Belley, 1640.
— Histoire critique des Coqueluchons
(par D. Cajot). Cologne (Metz), 1762, fig.
Idée du mémoire sur l'ordre des Jaco-
bins, du père Jacob (Extrait du Journal
de Verdun, avril 1751). Notice du livre
Reformatorium vitæ morumque et ho-
nestatis clericorum. Montibus. J. Grégoire, 1691. — Le Saint Bernard d'A.
Thevet. — Le Saint-Bernard, d'A. Go-
deau (en vers). — Eloge de Saint-Bernard, par de Cerisiers, 1671. — L'habit
ne fait pas le moine, par Alexis Piron.
— Le Chapitre général des Cordeliers,
par le même (non terminé). — Les
Moines. comédie en musique représentée
à Mont-Louis, 1709. — Les Gloria Patri.
ou Epigrammes de J.-B. Rousseau. —
Lettre sur l'esprit jésuitique ; Parallèle
des capucins et des jésuites, 1717. — Le
Jésuite errant, ou lettres du P. Alphonse
jésuite portugais. Rome, 1759. — Eloge
(à rebours) des jésuites, 1756, manuscrit.
Le Supplice du Malagrida et l'extinction
des jésuites. 1638. — Traité de l'Ante-
Christ, par André Poirier, 1655. — L'A-
pocalypse hibernois, ou le Trou de Saint
Patrice (extrait du Conservateur). —
L'Abbé commendataire, de L. Petit. —
Esquisse du livre de la vie et des mœurs
des chanoines de Denys-le-Chartreux
(extrait de l'Année littéraire). — Le
Tartuffe de Molière.

Recueil formé par Jamet, qui l'a composé d'opuscules ou de fragments de
livres imprimés ou manuscrits, aux-
quels il a ajouté beaucoup de notes de
sa main. On lit celle-ci sur le 1er feuillet :
« Renonçant au monde et à ses pompes,
« à mes bouquins anciens et modernes,
« a qui de mes amis puis-je donner
« celui-ci plus pertinemment qu'à l'ai-
« mable M. Molé ? Le 25 avril 1778. »

C'est certainement l'un des recueils
les plus curieux du célèbre annotateur.

Et de Livres anciens et modernes

tant par les pièces qui y sont réunies, que par les notes qu'il y a insérées.

De la bibliothèque de M. J. Bignon.

1115. Bitaubé. Joseph, quatrième édition. A Paris, de l'imprimerie de Didot l'aîné, 1786. in-8, portr. et fig., mar. rouge, dos orné, fil., tr. dor. (Rel. anc.).   100 fr.

Très bel exemplaire en grand papier vélin orné d'un portrait gravé par Saint-Aubin, d'après Cochin, et de 9 jolies figures de Marillier, gravées par Née.

1116. Blanc (Charles). Grammaire des Arts du dessin, architecture, sculpture, peinture. Paris, Renouard, 1870, gr. in-8, demi-chag. noir. tête dor. ébarbé.   16 fr.

Nombreuses gravures dans le texte. 2e édition.

1117. Boccace. Le Decameron de Jean Boccace (traduit par Ant. Le Maçon). Londres, (Paris), 1757-1761, 5 vol. in-8, pap. de Hollande, fig., veau marb., fil., tr. dor.   300 fr.

5 frontispices, portrait, 110 figures et 97 culs-de-lampe dess. par Gravelot, Boucher, Cochin et Eisen, gr. par Alla-met, Baquoy, Flipart, Legrave, Le Mire, Saint-Aubin, etc.

1118. Boileau-Despréaux. Œuvres. Paris, Billiot, 1713, 2 part. en 1 vol. in-4, veau.   10 fr.

Edition ornée d'un splendide portrait d'après de Troyes, gravé par Drevet. 1 vignette et 6 figures de Gillot pour le Lutrin, gravées par Scotin et Duflos, très belles épreuves avant la lettre.

1119. Boileau-Despréaux. Œuvres choisies. Amsterdam, 1777, 2 vol. in-18, mar. rouge, fil. tr. dor., port., (rel. anc. fatiguée).   4 fr.

1120. Boileau. Œuvres. Edition dédiée au roy. Paris, P. Didot l'aîné, 1819, 2 tomes en 1 vol. gr. in-fol., papier vélin, vignettes, maroq. rouge, dos orné, fil. dent. int. doublé de moire verte, gardes de même, tr. dor., étui. (Capé).   100 fr.

Belle édition tirée à très petit nombre. Port. grav. par Drevet d'après de Troy ajouté.

1121. Boissardo. Theatrum Vitæ humanæ à J.-J. Boissard Vesuntino conscriptum, et a Theodoro Bryo artificiossimis historiis illustratum, Excussum typis, Abrahami Fabri, Mediomatricorum typographi (1596), in-4, de 8 ff. et 266 pp. front. et figures veau ant.   60 fr.

Ce volume est orné d'un titre gravé, du portrait de Boissard et de 60 planches tirées dans le texte, gravées par Th. de Bry.

Exemplaire de la 1re édition. Un nom enlevé sur le titre.

1122. Boissy (Laus de). Autant en emporte le vent un peu.... un peu.... on le verra bien. A Gaillardopolis. (Paris, Cazin), 1787, petit in-12 **mar.** rouge à long grain, tr. dor.   30 fr.

1123. Bonivard (Fr.) Advis et devis de l'ancienne et nouvelle police de Genève, suivis des advis et devis de noblesse et de ses offices ou degrez et des iij estatz monarchique, aristocratique et démocratique. Des dismes el des servitudes taillades. Genève, G. Fick. 1865, in-8 vélin blanc à recouvrements, n. rog.   8 fr.

1124. Bonnaffé (Edm.) Causeries sur l'art et la Curiosité. Paris, Quantin, 1878, gr. in-8, percal. non rog. 10 fr.

Frontispice par J. Jacquemart.

1125. Bonnet (Charles) Œuvres d'histoire naturelle et de philosophie. Neuchatel 1779-83, 8 tomes en 10 vol. in-4, veau écaille ant. fil. tr. dor.   30 fr.

Les tomes IV et V sont en 2 parties, très-beau portrait gravé, nombreuses planches et vignettes. Bel exemplaire.

1126. Bonnetain (Paul). L'extrème Orient. Paris, Quantin, s. d. in-4, demi-mar. rouge avec coins, n. rog. dos orné, couv. (Bretault).   26 fr.

Nombreuses illustrations, cartes.

1127. Borel (Petrus). Madame Isabelle. Bruxelles, 1844, in-12, br. couv. 6 fr.

1128. Borel (Petrus). Madame Putiphar. Seconde édition, conforme pour le texte et les vignettes à l'édition de 1839. Préface par M. J. Claretie. Paris, Willem, 1877, 2 vol. in-8, demi-percal., avec coins, n. rog., couv. fig.   7 fr.

1129. Bossuet. Relation sur le quirtisme. Paris, Jean Anisson, 1698, in-12 veau.   5 fr.

Edition originale

1130. Bossuet. Oraisons funèbres, suivies du sermon pour la profession de Mme de La Vallière du panégyrique de Saint-Paul et du sermon sur la vocation des gentils, avec des notices par M. Poujoulat. Tours. Mame, 1869, gr. in-8, mar. rouge, fil., dos orné, dent. int., tr. dor.   30 fr.

Eaux-fortes de Foulquier.

1131. Bossuet. Discours sur l'histoire universelle. Paris, Curmer, s. d., demi-rel. chag. pl. toile, tr. dor.   15 fr.

1132. Bouchet. Les Serées de Guillaume Bouchet, seigneur de Brocourt. divisées en trois livres… reveuës et augmentees par l'autheur. Lyon, Pierre Rigaud, 1618, 3 tomes en 2 vol. in 8, mar. brun, dos orné, fil. dent. int. tr. dor. (Thomas). 70 fr.

Bel exemplaire d'une édition estimée.

1133. **Bouchut et A. Després**. Dictionnaire de médecine et de thérapeutique médicale et chirurgicale. Paris, Alcan, 1889, in-4, demi-chag. vert, ébarbé. 15 fr.

Contenant 950 figures intercalées dans le texte et 3 cartes.

1134. **Bouquet** (Dom). Recueil des historiens Gaules et de la France, accompagnés de sommaires, de tables et de notes. nouvelle édition publiée sous la direction de M. Léopold Delisle. Paris, Palmé, 1869-1880. 19 vol. in-fol. br. 300 fr.

1135. **Bourgade** (l'abbé F.). Soirées de Carthage, ou Dialogues entre un prêtre catholique. un muphti et un cadi. Paris, Lecoffre, 1852, in-8, chag. vert, comp. tr. dor. 60 fr.

Exemplaire aux armes de l'impératrice Eugénie.

1136. **Boyle**. Défense de la religion, tant naturelle que révélée contre les infidèles et les incrédules, traduite de l'anglois de M. Gilbert de Burnet. A La Haye, chez P. Paupie, 1738, 6 vol. in 12, demi-mar. vert. 5 fr.

1137. **Budé**. Traité de la Vénérie, traduict du latin en françois par Loys le Roy dict Régins. Paris, Aubry, 1861, in-8, demi-mar. viol. tête dor., n. rog. 7 fr.

1138. **Bullemont** (A. de). Catalogue raisonné des peintures, sculptures, et objets d'art qui décoraient l'Hôtel-de-Ville de Paris avant sa destruction. Paris. Morel, 1871, plaq. in 8, demi-veau fauve, couv. 3 fr.

2 eaux-fortes.

1139. **Burato | Con nova maestria gratiose donne** novo artificio vi apprto (sic) accio che voi più accomodatamente possiati mostrare quanto | valglia lo ingegno vostro ne lavori, e ornament de camise et | alctri rechami, questo sie che da questo artificio potreti sempre | cavare con la penna tute quante quelle cose, come figure fiori : | et altri ornamenti che voi vorelti cavare. Avertedovi che quel | le tele più large serve a cavare ponti scritti. Opera certamente | non esser stata più in luce e che a voi sera di gran-dissima fa | cilita a i vostri lavori più che alcuna altra che per sin a qui | sia fatta, come voi medesimi vedreti operandola | (A la fin du premier cahier :) P. Alex. Pag. — | Benacenses | F. | Bena. | V. V. | Toscolano. Alex. Paganini, vers 1525), pet. in-4. pl. dérel. 600 fr.

Cet ouvrage de la plus grande rareté est un des plus anciens livres de broderie que l'on connaisse. Il en fut publié, paraît-il, deux éditions sous le titre général de Burato, qui sont fort peu connues, mal décrites et dont on ne trouve que des fragments. Les belles planches qui figurent dans ce livre sont attribuées à Zoan Andrea Vavassore, dit *Guadagnino*, élève de Mantegna, qui publia plus tard plusieurs autres ouvrages de ce genre. Nous avons ici 50 ff. de cet ouvrage sur lesquels se trouvent 86 planches de broderies. savoir :

1° Un cahier de 4 ff. sans ch. ni sign., dont le premier contient au r°. au dessous du titre général donné plus haut, une gravure sur bois représentant des dames travaillant à plusieurs métiers, et au v° une autre figure sur bois. (Le Triomphe de la Renommée ?) accompagnée d'un quatrain. Le reste du cahier se compose de planches où l'on trouve des lignes croisées à angles droits plus ou moins serrés. imitant différents canevas. et de la souscription donnée ci-dessus qui occupe le verso du dernier f. en entier.

2° Le premier livre comprenant 20 ff. dont les dix premiers sont sign. de A 1 à A x, précédé du titre suivant : *Libro | primo. | De rechami p elquale se | impara in diversi modi | lordine e il modo de re cumare. cosa no mai piu | fatta ne stata mostrata. et qual modo se insegna al | lettore voltando la carta. | Opera nova.* | Ce titre en car. ronds et dans une bordure gravée sur bois où se voient des métiers de divers genres avec un homme et des femmes au travail, occupe le r° du premier f.; au v° de ce f. commence un avis de Paganini au lecteur, imprimé avec les caractères bizarres de ce typographe, qui se continue sur le r° du 2° f. et finit au haut du v°, le reste de la page contient deux gravures sur bois, à deux compartiments chacune, où des brodeuses sont représentées. Les 16 ff. suivants ont une pl. au r° et au v°, soit 32 planches en tout. Les deux derniers ff. ont, au r°, une planche divisée en nombreux compartiments contenant chacun un animal, un oiseau ou un insecte ; le v° de l'avant-dernier f. est blanc et le v° du dernier contient la souscription qui figure à la fin du premier cahier.

3° 18 ff. d'un autre livre, contenant 36 planches dont les 9 premières sont sig. A 1 à A x, et 8 ff. divers d'un troisième livre contenant 15 planches.

Cet exemplaire est certainement un des plus complets qui aient passé en vente publique. La marge du bas est un peu détériorée par la moisissure : le premier cahier est plus court que le reste du volume.

1140. Calendrier de la cour pour l'année 1791. — Almanach royal, année commune. 1791. — Etrennes mignonnes curieuses et utiles pour 1791, cartes. Ensemble 1 vol. in-18, mar. rouge, fil. tr. dor. (rel. anc).   8 fr.

1141. Campardon (Emile). Journal de la Régence par J. Buvat. Paris, Plon, 1865, 2 vol. in-8 br.   8 fr.

1142. Carnevale (Il) Italiano Masche. rato si Veggono in figura varie inventione di capritii Fran*co* Berti for. Anno 1642, pet. in-8, veau, fil. (Rel. anc.).   180 fr.

Ce volume se compose de 1 f. pour le titre et de 23 pl. de costumes, masques et divertissements à l'usage du Carnaval.

Ces planches gravées par Francesco Bertelli, sont des copies des planches du recueil de P. Bertellius : Diversarum nationum habitus, ou au moins les mêmes planches retouchées.

On a relié à la suite : 1o 74 planches gravées en taille-douce par Fr. Bertellii, monuments d'Italie et planches copiées sur celles de la 3e partie du Diversarum nationum habitus.

2o Nuovo Itinerario d'Italia di Andrea Scoto, diviso in tre parti. illustrato con le figura delle Citta e Fortezze... da Francesco Bertii. In Padova, 1647, titre et 86 plans de villes gravés à l'eau-forte.

1143. Casanova de Seingalt. Histoire de ma fuite des prisons de la République de Venise qu'on appelle les Plombs. Bordeaux, Vve Moquet, 1884, gr. in-8, fig., broché.   7 fr.

Exemplaire tiré sur papier vergé de Hollande.

1144. Cassas (L.-F.). Voyage pittoresque et historique de l'Istrie et de la Dalmatie, rédigé d'après l'itinéraire de L.-F. Cassas, par Joseph Lavallée. Paris, 18.2, in-fol., demi mar. rouge avec coins, n. rog. (rel. de l'époque).   50 fr.

Bel exemplaire. Frontispice et 65 planches.

1145. Catalogue de la bibliothèque de feu M. le Comte de Boutourlin. Paris, Silvestre, 1839, 3 vol. in-8, demi-maroq. grenat.   5 fr.

L'un des 30 exemplaires tirés sur gr. papier vélin.

1146. Cayon (Jean). Histoire physique, civile, morale et politique de Nancy, ancienne capitale de la Lorraine, de-

puis son origine jusqu'à nos jours. Nancy. Cayon-Liébault, 1846, gr. in-8, cart. n. rog.   20 fr.

36 figures et plans.

1147. Cazotte. Le Diable amoureux, préface de A. Pons. Paris, Quantin, 1878, in-8, br.   5 fr.

Eaux-fortes de F. Buhof.

1148. Cellarius (Christophus). Notitiae orbis antiqui, sive geographiae plenioris tomus alter Asiam et Africam antiquam exponans. Lipsiae, 1732, 2 vol. in-4 veau fauve, fil. tr. rouges.   20 fr.

Nombreuses cartes.

1149. Cent (Les) nouvelles. Nouvelles contenant les cent histoires nouveaux. qui sont moult, plaisans à raconter en toutes bonnes compagnies, par manière de joyeuseté : Cologne, P. Gaillard (Holl.), 1701, 2 vol. pet. in-8, front. et fig. veau fauve, tr. dor.   70 fr.

Bel exemplaire contenant les figures de Romain de Hooghe, tirées hors texte.

1150. Cérémonies des gages de bataille selon les constitutions du bon roi Philippe de France, suivies d'instructions sur la manière dont se doivent faire empereurs, rois, ducs, marquis, comtes, vicomtes, barons, chevaliers, avec les avisemens et ordonnances de guerre. Paris, de l'imprimerie de Crapelet, 1830, gr. in-8, demi-mar. rouge avec coins, tête dor., n. rog.   20 fr.

11 figures en lithographie.

1151. Cérémonies et coutumes religieuses de tous les peuples du monde, représentées par des figures dessinées de la main de Bernard Picart, avec des explications historiques et des dissertations curieuses. Nouvelle édition entièrement conforme à celle de hollande. Paris, Prudhomme, 1807, 10 vol. — Superstitions, anciennes et modernes, préjugés vulgaires qui ont induit les peuples à des usages et à des pratiques contraires à la religion. Paris, Prudhomme, 1810, 2 vol. — Ensemble 12 vol. in-fol., demi-veau fauve, tr. jasp.   125 fr.

Environ 500 planches hors texte. Exemplaire bien complet.

1152. Cervantès. Histoire de l'admirable Don Quichotte de la Manche. A Amsterdam, chez P. Mortier, 1696, 5 vol. pet. in-12, fig. mar. orange, fil. dent. int., tr. dor. dos orné. (Belz-Nidrée).   170 fr.

Edition peu commune dont les exemplaires bien conservés sont recherchés des amateurs. Très jolies figures. Bel exemplaire.

1153. Cervantès. El ingenioso Hidalgo de la Mancha. En Madrid. Gabriel de Sancha, 1798, 8 vol. — Vida de Miguel de Cervantes Saavedra, par D. Juan Antonio Pellicer. Madrid, 1800, 1 vol. Ensemble, 9 vol. in-18, mar. rouge (rel. ancienne). 150 fr.

Très jolies petites vignettes à mi-page et 1 front. de Paret, gravés par Morens. Texte espagnol.

1154. Cervantès. L'ingénieux Hidalgo don Quichotte de la Manche. Traduction de Louis Viardot, avec les dessins de G. Doré, gravés par H. Pisan. Paris, Hachette, 1863, 2 vol. in-fol., percal. n. rog. 80 fr.

1re édition, illustrée de 370 dessins de G. Doré.

1155. Cervantès. Don Quichotte de la Manche, traduit de l'Espagnol par Florian. Paris. Didot, 1865, in-12 mar. bleu fil. tr. dor. 3 fr.

1156. Chabert (de). Voyage fait par ordre du roi en 1750 et 1751, dans l'Amérique septentrionale, pour rectifier les cartes des côtes de l'Arcadie, de l'isle Royale et de l'isle de Terre-Neuve. Paris, de l'imprimerie royale, 1753, in-4 maroq. rouge, fil., dos orné, tr. dor. cartes. 300 fr.

Reliure ancienne d'une fraîcheur exceptionnelle, aux armes de J.-B. Machault, chancelier de France.

1157. Champfleury. Histoire des Faïences patriotiques sous la Révolution. Paris. Dentu, 1867, in-8, demi-mar. vert, tête dor., n. rog., couv. (Champs). 20 fr.

Illustrations dans le texte et hors texte.

1158. Champfleury. Les Bourgeois de Molinchart. Paris, Locand-Davi, 1855, 3 vol. in-8, demi-percal. avec coins, n. rog., couv. 60 fr.

Envoi autographe de l'auteur à Henry Murger.

1159. Chardin. Voyages en Perse et autres lieux de l'Orient, Amsterdam. L. de Lorme, 1711, 10 vol. in-12 veau fauve ancien, tr. rouges, port. et fig. 30 fr.

Nombreuses planches se dépliant.

1160. Charron (Pierre). De la Sagesse, trois livres. Suivant la vraye copie de Bourdeaux. Amsterdam, L. et D. Elzevier, 1662, in-12 mar. rouge, fil. tr. dos orné, reliure ancienne) 50 fr.

Titre-frontispice gravé. Haut. 125 mill.

1161. Chartier. Le Curial de M. Alain Chartier, secrétaire du Roy Charles septième, où il est amplement traitté de la vie et mœurs des courtisans, des malheurs et calamitez des hommes qui conviennent très bien à cest age. Reveu et corrigé de nouveau, avec les cottations tant des histoires sainctes que prophanes, par Daniel Chartier, Orléanois, sieur de La Bourdalière. Paris. Chevillot, 1582, in-8 de 8 ff. prél. et 104 ff. mar. r. jans. dent. int., tr. dor. (Trautz-Bauzonnet). 120 fr.

Exemplaire du comte d'Auffray et de Firmin-Didot (185 fr.).

1162. Chastenenet et de Puységur. Mémoires pour servir à l'histoire et à l'établissement du magnétisme animal. Paris, J.-G. Dentu, 1820, in-8, demi-veau. 5 fr.

1163. Châteaubriand. Mémoires d'Outretombe. Paris, Dufour, 1860, 6 vol. in-8, br. 26 fr.

Exemplaire très propre.

1164. Châteaubriand. Œuvres complètes. Paris, Lecou, s. d., 5 vol. gr. in-8, demi-maroq. noir. 18 fr.

Figures de Staal.

1165. Chaulieu. Œuvres, d'après les manuscrits de l'auteur. La Haye, Gosse, (Cazin), 1777, portrait, 2 vol. in-18, mar. rouge, fil., tr. dor., dos orné, (rel. anc.). 15 fr.

Reliure très fraîche.

1166. Chefs-d'œuvres d'Art. (Les) au Luxembourg, publiés sous la direction de M. Eug. Montrosier, avec le concours littéraire de M. L. Allard, Th. de Banville, Champfleury, J. Claretie, F. Coppée, A Daudet, Th. Gautier, A. Houssaye, J. Janin, Lamartine, G. Sand. Theuriet, L. Ulbach, Ch. Yriarte, etc., etc., poésies d'Adrien Dézamy. Paris. Baschet, 1881, in-fol. avec pl., vign. et culs-de-lampe en livraisons dans un carton. 60 fr.

Exemplaire sur papier de Hollande, avec gravures sur Chine.

1167. Chénier. Epître à Voltaire. Paris, Imp. de Didot, 1806, in-8, demi-mar. rouge avec coins tête dor. n. rog. 5 fr.

1168. Chénier (André). (Œuvres complètes d'). Paris. Foulon et Cie, Baudouin, 1819, in-8, broché. 30 fr.

Edition originale. Exempl. à toutes marges, très propre, de toute rareté dans cette condition.

1169. Chenu (Jean). Recueil des antiquitez et privilèges de la ville de

Bourges et de plusieurs autres villes capitales du royaume, divisé en trois livres. A Paris chez Nicolas Buon 1621, in-4°, vélin.   40 fr.

Portrait par L. Gaultier. Rare.

1170. Chérin (L. N.). Abrégé chronologique dédits. déclarations, réglemens, arrêts et lettres-patentes des Rois de France de la 3° race, concernant le fait de noblesse ; précédé d'un discours sur l'origine de la noblesse. Paris, Royez, 1788, pet. in-8, br. n. rog.   10 fr.

1171. Chertablon (de). La manière de se bien préparer à la mort, par des considérations sur la Cène, la Passion et la Mort de Jésus Christ, avec de très belles estampes emblématiques, expliquées par M. de Chertablon. Anvers. G. Gallet. 1700, in-4, br., couv. papier, n. rog.   60 fr.

42 planches par Romain de Hooge non signées, y compris 3 frontispices.

1172. Chevigné (le Cte de). Les Contes Rémois, édition miniature. Epernay, Bonnedame, 1875, in-32, port. mar. bleu, dos orné, fil., dent. int., tr. dor. (Lortic).   60 fr.

Exemplaire sur papier de Chine. Belle reliure avec étui.

1173. Chevrier (Le chevalier de). Les amusements des dames de Bruxelles, histoire honnête et presque édifiante, nouvelle édition augmentée d'un avant-propos et d'une clef des noms cités dans l'ouvrage Bruxelles, Gay, pet. in-12, br.   5 fr.

Imprimé en 2 couleurs sur papier Jonquille. Frontispice gravé à l'eau-forte.

1174. Chine. Manœuvres et exercices militaires, 3 vol. en paravent cart.   100 fr.

Curieuses peintures reproduisant les costumes, les armes, les lumières, les manœuvres, les exercices de l'ancienne armée chinoise.

1175. Choderlos de Laclos. Les liaisons dangereuses, lettres recueillies dans une Société et publiées pour l'instruction de quelques autres. Londres, Paris, 1796, 2 vol. in-8, fig., demi-rel., dos et coins de mar. vert, dos ornés, fil., tête dor., non rog. (Capé).   150 fr.

Exemplaire sur papier vélin avec les gures avant la Lettre (sans les papiers de soie).

2 frontispices et 13 figures par Monnet, Mlle Gérard et Fragonard fils, gravés par Baquoy. Duplessis-Bertaux. Dupréel, Godefroy. Langlois, Lemire. Lingée, Masquelier. Patas, Pauquet, Simonet et Triere.

1176. Choiseul - Gouffier. Voyage pittoresque de la Grèce. Paris, 1782-1809, 3 tomes en 2 vol. in-fol., demi-veau fauve avec coins n. rog.   100 fr.

Portrait par Boilly, gravé par Dien, titre gravé nombreuses planches par Moreau le jeune. Hilair etc. gravées par Marillier, Halbou etc.

1177. Cholières. Les Contes et Discours bigarrez du sieur Cholières, déduits en neuf matinées (et neuf après-dinées). A Paris, par Anthoine Du Breuil, 1610, 2 vol. in-12, mar. rouge, fil., dos ornés, dent. intér., tr. dor. (Trautz-Bauzonnet).   225 fr.

Bel exemplaire de ces deux volumes qui se trouvent rarement réunis.

1178. Chorier. Aloisiæ Sigeæ. Toletanœ Satyra Sotadica de Arcanis Amoris et Veneris. Aloiisia Hispanice scripsit, Latinitate donavit Joannes Meursius (re vera auctore Nicolao Chorier). Parisiis cura et studio Isidori Liseux. 1885, in-16, br.   6 fr.

Ce livre, dont il a été fait d'innombrables éditions sous le titre de Joannis Meursii Elegatiæ Latini sermonis, est en réalité l'œuvre d'un jurisconsulte Français du XVII° siècle, Nicolas Chorier : un écrivain nourri du plus pur miel de l'Antiquité ; le dernier Classique Latin, comme Bossuet le dernier Père de l'Eglise. Déjà, il y a près d'un siècle et demi. les éditeurs de la Collection Barbou lui assignaient sa place, entre Virgile et l'Imitation de Jésus-Christ. Les Latinistes contemporains seront heureux de le retrouver ici, dans une édition plus correcte et plus lisible qu'aucune de ses devancières.

1179. Chorier. Les Dialogues de Luisa Sigea sur les arcanes de l'Amour et de Vénus : ou Satire Sotadique de Nicolas Chorier, prétendue écrite en Espagnol par Luisa Sigea et traduite en latin par Jean Meursius. Texte Latin revu sur les premières éditions et traduction littéraire, la seule complète, par le traducteur des Dialogues de Pietro- Aretino. Imprimé à cent exemplaires pour Isidore Liseux et ses amis. Paris, 1882, 4 vol. pet. in-8, br.   150 fr.

Première traduction littérale et litéraire de ce chef-d'œuvre, dont il n'existait jusqu'à présent que d'ineptes parodies.

1180. Chronique scandaleuse (La) ou Mémoires pour servir à l'histoire de la génération présente, contenant les anecdotes et les pièces fugitives les plus piquantes que l'histoires secrète des sociétés à offertes pendant ces dernières années (par Guil. Imbert) ex-bénédictin. Paris, dans un coin d'où l'on voit tout, 1786-1787, 3 vol. in-12, veau racine.   15 fr.

1181. Chrysostome (Jean). Traité de la Providence composé par S. Jean Chrysostome archevêque de Constantinople pendant son exil, par l'édification de ceux qui avaient esté scandalizez des afflictions de l'église. Paris, Ch. Savreux, 1658, petit. in-12, de 296 pp. veau.   4 fr.

Quelques mouillures.

1182. Cicero. Opera, cum optimis exemplaribus accurate collata. Lugd. Batavorum, ex officina Elzeviriana, 1642, 10 vol. in-12, titre gr. portr. mar. r., fil, tr. dor.   120 fr.

Reliure ancienne. Haut 125 mill.

1183. Cleland (John). Mémoirs of Fanny Hill. A new and genuine edition, from the original text (London, 1749), one volume containing 340 pages, in-8, écu, br.   25 fr.

This romance of John Cleland in certainly the most famous production of English private Literature, and, in some respects, it may be considered a classic.

1184. Collection Amar. Scriptores Latini principes, recens. et edid. Amar. Paris, ap. Lefèvre, 1820-56, 16 ouv. en 44 vol. in-18, port., reliés et et brochés.   60 fr.

Cicero, 18 vol. — Ovidius, 5 vol. — Terentius, 2 vol. — Tacitus, 5 vol. — Virgilius, 2 vol. — Plinius, 2 vol. — Lucanus, 2 vol. — Propertius, 1 vol. — C. Nepos. 1 vol. — Florus 1 vol. — Horatius, 1 vol. — Catullus, 1 vol. — Lucretius, 1 vol. — Phædrus, 1 vol. — J. Juvenalis, 1 vol. — Sallustius, 1 vol.

Collection bien complète.

1185. Collection of fac-similes of scarce and curious prints, by the early masters of the Italian, German, and flemish schools ; illustrative of the history of engraving from the invention of the art, by Maso Finiguerra, in the middle of the fifteenth century. to the end of the century following : with introductory remarks, and a catalogue of the plates. By William Young Ottley. London, M. Creery, 1826, in-fol. 100 pl. sur cuivre tirées sur chine, demi-rel. vélin, plats toile, non rog.   120 fr.

Bel exempl. du premier tirage, sur grand papier vélin, de cette importante collection. Il renferme les douze premières planches, représentant des nielles en double état dont un tiré sur argent.

1186. Colletet. Abrégé des annales de la ville de Paris contenant tout ce qui s'est passé deplus mémorable depuis sa première fondation jusques

à présent. Paris, Ch. de Sery, 1664, in-12, veau.   3 fr.

1187, Commines. Les Mémoires de Messire Philippe de Commines, chevalier, seigneur d'Argenton : sur les faictz et gestes abbregees, de Loys xj et Charles viij son fils... Avec la vie de mess. Angelo Cattho, archevesque de Vienne : plus deux epistres de Jean Sleidan en la recommandation de l'hauteur... S. l. (Genève). pour Jacques Chouët, 1693, in-12, titre encadré, 3 portr. sur cuivre, mar. bleu, joli encadr. et fil. à fr. dent. int., tr. dor. (Lortic). 100 fr.

Bel exemplaire d'une édition rare.

1188. Commines. Les Mémoires de Messire Philippe de Commines, Sr d'Argenton . Dernière édition. A Leide, chez les Elzeviers. 1648, pet. in-12, titre-front. gravé, mar. bleu, dos orné, fil. dent. int., tr. dor. (Hardy-Mennil).   110 fr.

1189. Contes à rire et aventures plaisantes ou récréations françaises. Nouvelle édition revue et corrigée avec préface par A. Chassant. Paris, Th. Bélin. 1884, in-8, demi-mar rouge avec coins tête dor. n. rog. (Rousselle).   14 fr.

Exemplaire sur papier Wahtman.

1190. Contes en vers imités, du moyen de parvenir. Par Autreau, Dorot, Grécourt, La Fontaine, B. de La Monnoye, Plancher de Valcour, Régnier, Vergier, etc. Avec les imitations de M. le comte de Chévigné et d'Epiphane Sidredoulx. Publiés par un membre de la Société des Bibliophiles gaulois. Un vol. in-8, (1874, Willem). Papier vergé, rel. en toile non rogné.   10 fr.

Ce livre, publié comme suite à l'édition du Moyen de Parvenir, de Wilhem, n'a été tiré qu'à 500 exemplaires

1191. Conti (Henri). Vierge et Mère. Paris, Piaget, 1887, in-12, demi-mar. lavall. avec coins tête dor., n. rog. couv. (Bretault).   6 fr.

Exemplaire papier de hollande.

1792. Coppée (François). Lettre d'un mobile breton. Paris, Lemerre, 1870, in-8, demi-mar. vert avec coins, tête dor, n. rog. (9 pages).   30 fr.

Exemplaire sur papier de hollande auquel on a ajouté 3 aquarelles dans les marges par H. de Sta.

1193. Coquelin Cadet (Pirouette). Le livre des convalescents, dessins de Henri Pille. Préfaces de Armand Silvestre et de Bouchatout. Paris, Tresse, 1883, in-8, br. n. c.   10 fr.

Et de Livres anciens et modernes

1194. Corneille (P.). Théâtre de P. Corneille reveu et corrigé par l'auteur. Imprimé à Rouen et se vend à Paris chez **Aug.** Courbé et Guill. de Ligne, 1660, 3 vol. in 8, veau. **70 fr.**

Portrait, frontispices et figures gravés, 1re édition avec les titres et frontispices de la même date. Exemplaire dans sa condition primitive très-grand de marges.

1195. Corraro (Angelo). Relation de la cour de Rome faite l'an 1661, au conseil du Pregadi (Venise). Leyde chez Almarigo. Lorens, (Amsterdam Elzevier, 1663, in-12 veau. **2 fr.**

1196. Correspondance de Napoléon 1re publiée par ordre de l'empereur Napoléon III. Paris, imprimerie impériale, 1848, 32 vol. in-4, demi-rel. chagr. vert, non rogné. **225 fr.**

1197. Corrozet. Les Antiquitez, chroniques, et singularitez de Paris, ville capitale du royaume de France, auec les fondations et bastimens des lieux : les : les sapulchres et epitaphes des princes, princesses et autres personnes illustres : Corrigées et augmentées, pour la seconde édition, par G. Corrozet, parisien. A Paris, en la boutique dudict Gilles Corrozet, 1561, pet. in-8 de 8 ff. lim., 199 ff. et 1 f. pour l'achevé d'imprimer et la marque de Corrozet, mar, brun, dos orné en mosaïque, fil.. tr. dor. (Lortic). **150 fr.**

Cette édition est la dernière des Antiquitez publiée par Corrozet qui mourut en 1568, et c'est la plus complète.

Le dernier événement enregistré est de l'an 1570. On y voit aussi annoncé, le Recueil des excellents bastiments et édifices de Paris, du labeur de Jacques du Cerceau, homme très suffisant en l'art de perspectives et ordonnance de bastir, ensuyvant le mandement et permission du Roy, pour les dresser en planche de cuyvre et de basse taille, pour le bien et honneur de la République Parisienne.

Bel exemplaire de M. Desq.

1198. Cougny (Edm.). Extraits des auteurs grecs concernant la géographie et l'histoire des Gaules. Texte et traduction nouvelle publiés pour la société de l'histoire de France. Paris, Renouard, 1878, in-8 br. **5 fr.**

Tome 1er.

1199. Courrier de l'Art. Chronique hebdomadaire des ateliers, des musées, des bibliothèques, des expositions, des ventes publiques etc. Paris, librairie de l'Art en livraisons. **20 fr.**

Années. 1881-1882-1883-1885.

1200. Crillon (l'abbé Berthon de). Mémoires philosophiques du Baron de *** (Crillon)' chambellan de Sa Majesté l'impératrice Reine. A Vienne, 1777-78, 2 vol. in-8, mar. vert pour le tome 1er et mar. rouge pour tome, 2 fil., tr. dor., dos orné, (reliure anc.). **100 fr.**

1 frontispice et 7 figures à l'aquatinte non signées mais très certainement de Binet.

Presque toujours les 2 vol. sont reliés de différente couleur.

Reliure très fraîche.

1201. Curel (Léonce de). Manuel du chasseur au chien d'arrêt, suivi de la loi sur la chasse. Metz, 1858, in-8, demi-mar. vert avec coins, n. rog. **15 fr.**

Gravure à l'eau-forte.

1202. Curiosité littéraire bibliographique (La), articles littéraires, extraits et analyses d'ouvrages curieuses, notice de livres rares, anecdotes, etc. etc. Paris, Liseux, in-8, br.

Deuxième série, 240 pages : La vie d'Etienne Dolet et la renaissance des lettres en France, exposées par un historien Angsais : *Etienne Dolet, a biography by R. C. Christie* (Alcide Bonneau). Extraits du livre de M. Chaistie : *Toulouse et Lyon au XVIe siècle* ; traduits par Isidore Liseux. — Essais de traduction juxtalinaire : une ode d'Horace (Alexandre Machard). — *Alcine et Roger,* épisode du *Roland furieux* (Alcide Bonneau. — Réflexions sur la propagation de l'espèce humaine (Le Maréchal de Saxe). — La *Confession de Zulmé,* poème de Ginguené. — La *Bulle d'Alexandre VI,* conte imité de Casti (Andrieux). — La poétique de M. Théodore de Banville (Joseph Boulmier). — Le *Marchand de Venise,* nouvelle de Ser Giovanni Fiorentino, traduite pour la première fois par Marcel Lallemend. Notice sur la vie et les écrits de Mercier de Saint Léger (Chardon de la Rochelle). Les *Confessions* de Jean-Jacques Bouchard, Parisien, suivies de son *Voyage de Paris à Rome en 1630* (Alcide Bonneau). La première édition des *Dialogues de Luisa Sigea, Aloisia* ou *Meursius* (Isidore Liseux). Les *Nouvelles* de Batacchi. — Alfred de Musset est-il l'auteur de *Gaminni?* (Alcide Bonneau). Au lieu de 10 fr. **5 fr.**

Troisième série, 256 pages : *Mémoires de Nicolas Chorier,* traduction nouvelle, avec le texte en regard,

par Alcide Bonneau. — Eclaircisse-
ments sur la Satire Sotadique de Nicolas Chorier, connue sous les noms
d'*Aloisia*, de *Meursius* et, en dernier
lieu, de *Dialogue de Luisa Sigea*. Au
lieu de 10 fr.   5 fr.

Quatrième et dernière Série, 288 pages : *Mémoires de Nicolas Chorier*,
suite et fin, avec un index de toutes
les personnes citées. — Le *Décamé-
ron* de Boccace : reproduction de gravures sur bois tirées des éditions
Italiennes du XVIe siècle (Alcide Bonneau). — Le Marquis de Morante :
sa bibliothèque et son catalogue, par
R. C. Christie ; traduit de l'Anglais
par Isidore Liseux. Au lieu de 8 fr.
                                   4 fr.

1203. Dandré-Bardon. Costume des
anciens peuples. Paris, Jombert, 1772,
2 vol. in-4, veau fauve, fil.   60 fr.

> Nombreuses planches. Bel exemplaire.

1204. Dangeau. Mémoires et journal
du duc de Saint-Simon. Paris, 1830,
4 vol. in-8, brochés·   6 fr.

1205. Daudet (Alph.). Tartarin sur
les Alpes. Nouveaux exploits du hé-
ros Tarasconnais. Paris, C. Levy,
1885, in-8, br.   40 fr.

> Illustré d'aquarelles par Aranda, de
> Baumont, Rossi etc. Exemplaire sur pa-
> pier du Japon, publié à 100 fr.

1206. David Moderne (Le), ou la Traduction en vers des Sept Pseaumes,
de Dom Antoine, Roy de Portugal,
dédiée du Roy, par M. de Vertron,
historiographe de Sa Majesté... 1703,
in-4, mar. r. dos orné. fil. tr. dor.
(Rel. anc.).   400 fr.

> Manuscrit sur vélin, composé de 79
> pp. et écrit en beaux caractères romains.
> Il renferme une traduction en vers
> français de sept Pseaumes composés en
> latin, a l'imitation de ceux de David,
> par Don Antoine 1er, roi de Portugal,
> qui renversé de son trône par une ré-
> volution dut s'enfuir de son pays et se
> réfugia en France où il mourut en 1595,

> Chacune des pages de ce manuscrit
> est encadrée d'un filet d'or ; le titre est
> orné d'une belle bordure peinte en cou-
> leur et rehaussée d'or et le volume est
> enrichi de huit fleurons et dix culs-de-
> lampe peints en couleur.

> La reliure est aux armes de Louis
> XIV auquel cette traduction est dédiée.

1207. Davillier (Le baron Ch.). Recherches sur l'orfévrerie en Espagne
au moyen âge et à la Renaissance,
documents inédits tirés des archives
Espagnoles. Paris, Quantin, 1879,
in 4, br. Au lieu de 40 fr.   25 fr.

> Illustré d'un grand nombre de gravu-
> res dans le texte par Fortuny, Ed. de

Beaumont etc. Et de 19 pl. à l'eau-forte,
d'après d'anciens dessins de maitrise.

1208. Decaisne (J.). Le jardin fruitier
du Muséum, ou Iconographie des-
criptive des différentes espèces et
variétés d'arbres fruitiers cultivés
dans cet établissement, avec la description de leurs caractères, leur
synonymie etc. Paris, Didot, 1871-72,
9 vol. in-4, demi-chag. gren. avec
coins, tête dor., n. rog.   300 fr.

> Nombreuses planches coloriées, mon-
> tées sur onglets. Publié à 600 fr. Très
> bel exemplaire.

1209. Deleuze (J. P. F.). Histoire critique du magnétisme animal. Paris,
Belin-Leprieur, 1819, 2 vol. in-8,
demi-veau.   8 fr.

1210. Délices ou discours joyeux
(Les), et récréatifs, avec les plus belles rencontres et propos sérieux te-
nus par tous les bons cabarets de
France, par Verboquet le généreux,
très utile et nécessaire pour réjouir
les esprits mélancoliques. Paris, J.
de Bordeaux et J. Martin, 1630. —
Les Subtiles et facétieuses Rencontres de J.-B, disciple du généreux
Verboquet par luy pratiqués pendant
son voyage tant par mer que par
terre. Le tout au contentement des
plus mélancoliques. Paris, de l'imprimerie de J. Martin et J. de Bordeaux, 1630. — Ens. 2 tomes en 1
vol. pet. in-12, mar. citron, dos orné,
fil. dent. int. tr. dor. (Trautz-Bauzonnet.).   250 fr.

> Rare avec les deux parties.

> Bel exemplaire, provenant des biblio-
> thèques de MM. de Chaponay et de
> Béhague (580 fr.)

1211. Demidoff (Anatole de). Excur-
sion pittoresque et archéologique en
Russie par le Hâvre, Lubecq, Saint-
Pétersbourg, Moscou, Riini, Rougo-
rod, Daroslam et Kasan, exécuté en
1839. Paris, Gihaut s. d., in-fol.
demi-chag. rouge, n. rog.   140 fr.

> 100 dessins faits d'après nature et
> lithographiés à deux teintes par André
> Durand et Raffet. Bel exemplaire aux
> armes de Russie.

1212. Demidoff (Anat. de). Travels
in Southern Russia and the Crimea,
Through Hungray, Wallachia, et Mol
davia during the yeair, 1837. London, 1853, 2 vol. gr. in-8, percal. n.
rog., port.   16 fr.

> Ilustrated by Raffet.

1213. Demoustier. Lettres à Emilie,
sur la mythologie. Paris, Renouard,

1801, 3 vol. in 8, demi-chag. rouge
tête jasp. n. rog.   30 fr.

Portrait et figures et Monnet.

1214. Denon (baron). **Monuments des Arts** du dessin chez les peuples tant anciens que modernes pour servir à l'histoire arts décrits et expliqués, par Amaury-Duval. Paris, Brunet-Denon, 1829, 4 vol. in-fol. demi-rel. mar. ch. vert, non rognés.   250 fr.

315 planches.

1215. Descamps. Vie des peintres flamands et hollandais, réunie à celle des peintres, italiens et français par d'Argenville. Marseille, 1840, 5 vol. in-8, cart., n. rog.   15 fr.

Taches de rousseur.

1216. Description de l'Egypte, ou Recueil des observations et des recherches qu'ont été faites en Egypte pendant l'expédition de l'armée française seconde édition publiée par Pankoucke. Paris, Pankoucke, 1821-1829, 24 tomes en 26 volumes in-8. et 11 vol. in-fol. de planches demi-veau, bleu.   400 fr.

Les volumes de planches se répartissent ainsi : Antiquités 5 vol. — Atlas géographique 1 vol. — Etat moderne 2 vol. — Histoire naturelle 3 vol.

Exemplaire bien complet.

1217. Descrizione delle feste celebrate in Parma l'anno 1759 per le Auguste Nooze di sua altezza reale l'infante don Ferdinando colla reale arciduchessa Maria Amelia. Parma, nella Stamperia reale, s. d. in-fol. front. 36 pl. texte et trad. franç. v. ant. marb.   60 fr.

Bel ouvrage sur papier fort, orné de planches dessinées par Petitot et gravées par Volpato, Ravenet, Bossi et autres.

1218. Desjardins (Tony). Monographie de l'Hôtel-de-Ville de Lyon, restauré sous l'administration de MM. Vaïsse et Chevreau, sénateurs, accompagnée d'un texte historique et descriptif. Paris, Morel. 1867, in-fol. demi-mar. rouge tête dor., n. rog. (rel. neuve.   80 fr.

76 planches gravées ou chromolithographiées et 20 feuilles de texte illustrées de dessins sur bois. Publié a 160 fr. en carton.

Bel exemplaire.

1219. Desjardins (Ernest). Le grand Corneille, historien. Paris, Didier, 1861, gr. in-8, demi-mar. vert avec coins, dos de mosaïque tête dor. n. rog.   6 fr.

1220. Des Michels (Abel). Luc Vân Tien ca Diên Poème populaire annamite, texte en caractères figuratifs, transcription en caractères latins et traduction par Des Michels. Paris, Leroux, 1884, gr. in-8, br.   10 fr.

Forme le tome 19 des publications de l'Ecole des langues orientales vivantes. Publié à 20 fr.

1221. Desormeaux. Histoire de la maison de Bourbon, par M. Desormeaux, historiographe de la maison de Bourbon. A Paris, de l'imprimerie Royale, 1772-1788, 5 vol. in-4, frontispice, fleurons sur les titres, portraits, vignettes et culs-de-lampe. demi-rel. bas.   75 fr.

Ouvrage recherché pour ses illustrations. La reliure n'est pas uniforme.

1222. Des Périers (Bonaventure). Les contes ou les nouvelles récréations et joyeux devis de bonaventure Des Perriers, varlet de chambre de chambre de la Royne de Navarre, nouvelle édition augmentée et corrigée par M. de La Monnoye. Amsterdam, chez Châtelain, 1735, 3 vol. in-12, mar. vert, fil., tr. dor. front. (Bozérian).   100 fr.

Bel exemplaire.

1223. Dezobry et Bachelet. Dictionnaire générale de biographie et d'histoire de mythologie de geographie ancienne et moderne. Paris, Delagrave, 1876, 2 vol. pet. in-4, br.   15 fr.

1224. Dibdin. Voyage bibliographique et pittoresque en France par le révérend Frognall Dibdin, traduit de l'anglais avec notes par Th. Licquet. Paris, Crapelet, 1825, 4 vol. in-4. demi-veau fauve.   60 fr.

1225. Diderot (Denis). Le neveu de Rameau, texte revu d'après les manuscrits, notices, notes, bibliographie par Gustave Isambert. Paris, A. Quantin, 1883, in-8, br.   5 fr.

Papier teinté, portrait et deux eaux-fortes par Saint Elme Gaulthier.

1226. Diderot. Les bijoux indiscrets. Au Monomotapa. Paris, Cazin), 1785, 2 vol. pet. in-12, mar. rouge, fil. tr. dor. dos orné (rel. anc.).   35 fr.

1 frontispice et 6 figures non signées.

1227. Discours prodigieux et espouvantable de trois Espagnols et une Espagnolle, magiciens et sorciers, qui se faisaient porter par les diables de ville en ville, avec leurs déclaratios d'avoir fait mourir plusieurs personnes et bestial par leurs sortilèges, et aussi d'avoir fait plusieurs dégâts aux biens de la terre. Ensemble l'Arrêt prononcé contre eux par la Cour de Parlement de Bourdeaux, 1610. A Paris, jouxte la coppie imprimée à Bourdeaux, s. d., pet. in 8 de 4 ff. non ch. v. f. fil., dent., tr. dor. (Koehler.)   80 fr.

Rare.

Exemplaire de P. Desq.

1228. Dissertatio botanica, auctore Antonio Josepho Cavanilles Hispano-Valentino. Parisiis, apud Franciscum-Amb, Didot, 1785, 2 vol. in-4, v. rac. dent. tr. dor.   80 fr.

Les dix dissertations qui composent cet ouvrage consistent en 463 pp. de texte avec 296 planches : on en trouve peu d'exemplaires complets.

1229. Diverse Imprese accomodate a diverse moralità, conversiche i loro significati dichiarano insieme con molte altre nella linga non piu tradotte. Tratte da gli Emblemi dell' Alciato. In Lione, da Mathias Bonhomme, 1551, gr. in-8 de 191 pp. titre avec encadr. et fig. sur bois, v. f. ant. dos orné, comp. peints et dorés, tr. dor. (Rel. du xvie siècle.)   250 fr.

Belle édition ornée des planches de l'édition française de 1549, avec une explication en vers italiens, par Giov. Marquale.

Exemplaire réglé, couvert d'une jolie reliure de l'époque.

1230. Dolet. Etienne Dolet, le martyr de la Renaissance, sa vie et sa mort, ouvrage traduit de l'Anglais sous la direction de l'auteur Richard Copley Christie par Casimir Stryienski. Paris, Fisbacher, 1886, in-8, br. neuf.   5 fr.

Au lieu de 15 fr.

1231. Dorat. La Déclamation théâtrale, poème didactique en trois chants, précédé d'un discours. Paris, Séb. Jorry, 1766, titre frontispice et 4 charmantes figures d'Eisen. Les Dévirgineurs, et Combabus, contes en vers, précédés par des réflexions sur le conte et suivis de Floricourt histoire française. Amsterdam, 1765, 2 jolies figures d'Eisen. Ensemble 1 vol. in-8, mar. rouge, fil., tr. dor., dos orné.   25 fr.

Exemplaire sur papier de hollande dans une très jolie reliure ancienne.

1232. Dorvigny Ma tante Geneviève ou Je l'ai échappé belle, nouvelle édition revue et augmentée d'une notice par P. Lacroix, bibliophile Jacob. Bruxelles, Gay, 1882, 2 vol. pet. in-8, br.   7 fr.

4 frontispices à l'eau-forte par Chauvet tirés sur papier de Chine.

Aventures singulières d'une femme fille d'un tempérament ardent, cependant le vers de Parmy, «Tu l'as connu, ce péché si charmant, » ne peut lui être appliqué grâce à la surveillance providentielle d'une vieille tante, fille comme elle. C'est en un mot, le même sujet que la Pucelle de Belleville, de Paul de Koch, mais traité plus lestement.

1233. Doudan (X). Mélanges et lettres, avec une traduction par M. le Cte d'Haussonville et des notices par MM. de Sacy Cuvillier-Fleury. Paris, C. Lévy, 1875, 4 vol. in-8, demi-percal. tête jasp. n. rog.   20 fr.

1234. Du Barry (Ctesse). Les maîtresses du roi par P. de St-Victor. Histoire de Madame Du Barry, par A. Houssaye. Paris, Librairie à Estampes, 1878, in-12, demi-mar. bleu avec coins tête dor. non rog.   6 fr.

2 portraits.

1235. Du Bocage (Mme). Recueil des œuvres. A Lyon, chez les frères Périsse, 1762, 3 vol. in-12, mar. rouge, fil., dos ornés, tr. dor. (Rel. anc.)   150 fr.

Exemplaire provenant de la bibliothèque de M. de La Bédoyère, titres gravés, portrait, figures et vignettes de Briard.

1236. Dubuisson. Armorial des principales maisons et familles du royaume, particulièrement de celle de Paris et de l'Isle de France. Ouvrage enrichi de près de 4,000 écussons. Paris Guérin et Delatour, 1757, 2 vol. in-12, veau, ancien dos ornés.   130 fr.

Nombreux blasons.

1237. Du Camp (Maxime. Les Convulsions de Paris. Paris, Hachette, 1878, 4 vol. in-8, veau gris, plein, tête rouge, n. rog.   25 fr.

1238. Ducamp (Maxime). Paris, ses organes, ses fonctions et sa vie. Paris, 1870-76, 6 vol. in-8, brochés.   30 fr.

1239. Du Chastel. Le Trespas, Obsèques et Enterrement de tres hault, tres puissant et tres magnanime Françoys par la grâce de Dieu roy de France, tres chrestien, premier de ce nom, prince clément, père des arts et sciences. Les deux sermons funèbres pronôcez esdictes obsèques l'ung à Nostre-Dame de Paris, l'autre à Sainct Denys en France, s. l. Paris, de l'impr. de R. Estienne, s. d. 1547, in-4 mar. bl. fleurons sur le dos et les coins, dent. int. tr. dor (Masson-Debonnelle).   85 fr.

1240. Du Chateau (Pierre). Le roman

Et de Livres anciens et modernes

de Christian. Paris, Delagrave, 1887, petit in-4, br. n. c.   2 fr.

Papier teinté, 16 dessins par Sandoz.

1241. Dumas. (Alex. fils). Théâtre complet avec préfaces inédites. Paris, Lévy, 1890, 7 vol. in-12, cart. toile couv.   25 fr.

1242. Duperron de Castera. Histoire du mont Vésuve avec l'explication des phénomènes qui ont coutu me d'accompagner les embrassements de cette montagne. Paris, Le Clerc, 1741, in-12, veau, fig.   3 fr.

1243. Duplessis-Bertaux. Histoire de l'Enfant prodigue, en douze tableaux, tirée du Nouveau-Testament, dessinée et gravée, par Jean Duplessis-Bertaux. Paris, P. Didot, l'aîné, 1816, in-4, fig. cart.   60 fr.

1244. Dupuis (Ludovic). Les Héritiers de Montmercy. Paris, Delagrave, 1887, gr. in-8, br.   4 fr. 50

33 illustrations par Berch et A. Sandoz. Publié à 10 fr.

1245. Du Rosoi. Les Sens, pœme en 6 chants. Londres, Paris, 1766, in-8, mar. rouge, fil, dent. int. tr. dor. dos orné papier de hollande.   30 fr.

7 figures dont 4 d'Eisen et de 3 de Wille, 6 vignettes dont 3 d'Eisen et 3 de J. G. Wille et 2 culs-de-lampe par Eisen, gravés par de Longueil.

1246. Duruy (Victor). Histoire des Romains depuis les temps les plus reculés jusqu'à l'invasion des Barbares. Paris, Hachette, 1880, 2 vol. gr. in-8, br. propre.   18 fr.

Tome 1 et 2 seulement.

1247. Du Sommerard, (conservateur du musée de Cluny). Les Arts au moyen-âge, en ce qui concerne principalement le palais Romain de Paris, l'hôtel de Cluny, issu de ses ruines et les objets d'art de la collection classée dans cette hôtel, splendide ouvrage composé de 510 planches in-fol, dont beaucoup sont coloriées et 5 vol. in-8, de texte demi-mar. avec coins tête dor. n. rog. (Rousselle).   750 fr.

Cette superbe publication donne les plus beaux spécimens d'objets de l'époque du moyen-âge, elle a été publiée par les soins du gouvernement, sous la direction de l'auteur en 1816.

Monuments religieux 60 pl. — Monuments civils 10 pl. — Mobiliers civils et religieux 40 pl. — Sculptures, groupes, figures, monuments en pierre, marbre, bois, statues, bas-reliefs, 40 pl. — Peinture, tableaux volets de diptyques et de triptyques, portraits, dessins 40 pl. — Miniatures, manuscrits dessins, 60 pl. — Tapisseries, étoffes, ornements d'é-

glise, costumes, vitraux faïences, mosaïques 40 pl. — Emaux, autels d'or 40 pl. — Armes, armures, fers, orfévrerie objets usuels 40 pl.

1248. Eau-Forte (L') depuis douze ans, 100 œuvres choisies par une société de peintres graveurs à l'eau forte. Paris, Cadart, 2 vol. in-fol., chaque vol. cont. 100 pl., demi-rel., dos et coins, chag. r., fil., tête dor., n. rog., vol. mont) sur onglets.   160 fr.

1249. Ebers Georges. L'Egypte du Caire à Philae. Paris, Didot, 1881 in-fol. cart. de l'éditeur.   25 fr.

Nombreuses gravures dans le texte et hors texte.

1250. Ebers Georges. L'Egypte Alexandrie et le Caire. Paris, Didot, 1880, in-fol. cart. de l'éditeur.   25 fr.

Nombreuses gravures dans le texte et hors texte.

1251. Ecole (L') pour rire ou la manière d'apprendre le françois en riant, par le moyen de certaines histoires plaisantes et récréatives. Exemptes de toutes paroles et équivoques, sales et des honestes et mises dans un françois très facile, et le plus usité dans la conversation. A Leyde, 1688, pet. in-12 de 203 pages mar. rouge, fil., dent. int. tr. dor. (Trautz-Bauzonnet).   60 fr.

Edition avec la traduction Allemande en regard du Français. Charmant petit volume rare. Exemplaire de Behaque.

1252. Eisenberg. (B^{on} D'). L'Art de monter à cheval ou description du mariage moderne dans sa perfection. La Haye, 1734, in-4, obl. cart. 50 fr.

Contenant 55 planches et 7 planches sur les mords.

1253. Emblèmes d'Alciat de nouveau translatez en françois vers pour vers jouxte les latins (par B. Ancau). Ordonnez en lieux communs, avec briefves expositions, et figures nouvelles appropriées aux derniers emblemes. A Lyon, chez Guill. Roville, 1549, in-8, fig., veau fauve, dos, orné, fil., tr. dor. (Rel. anc.).   50 fr.

Première édition française ornée des bois gravés à Lyon pour le compte de Roville et Mathias Bonhomme et publiés pour la première fois en 1548. Elégantes bordures gravées sur bois par P. V. Cachets à chaque page.

1254. Emblèmes. Livret des Emblemes de maistre André Alciat, mis en rime francoyse, et présenté à Monseigneur l'Admiral de France (par Jehan le Fevre). On les vend à Paris, en la maison de Chrestien Wechel, 1536, in-8 goth., réglé, fig., veau

brun, comp. à froid. (Rel. anc.)
120 fr.

Première édition française des Emblèmes d'Alciat, ornée de figures sur bois. Ces figures au nombre de 112 sont les mêmes (sauf quelques variantes) que celles qui ornaient l'édition latine publiée par Wechel en 1534. Ces figures passent pour avoir été dessinées par un artiste de Bâle et gravées par Mercure Jollat. Bel exemplaire.

1255. Enault (Louis). Paris-Salon, 1881. Paris, in-8 broché.   3 fr.

Edition ornee de 25 gravures, texte en phototypie.

1256. Eschole (L') de Salerne en vers burlesques, par L. M. P. (Martin), docteur en médecine et poema macaronicum de bello huguenotico. Rouen, Cl. Malassis, 1660, pet. in-12, veau bleu, fil. dent. à froid, tr. dor. (Purgold).   10 fr.

1257. Espedicion de los Catalanes y Aragoneses contra Turcos y Griegos. Dirigida a Don Juan de Moncada, arcobispo de Tarragona, por don Francisco de Moncada, conde de Osona, su sobrino. En Barcelona, en la enprenta de Lorenço Deu, 1623, in-4, mar. bleu, jans., dent. ent., tr. dor. (Petit.)   120 fr.

1258. Essais historiques sur la vie de Marie-Antoinette d'Autriche, reine de France pour servir à l'histoire de cette princesse. Londres, 1789, 2 parties en 1 vol. in-18, demi-mar. bleu avec coins, têtes dor. n. rog. 100 fr.

1 portrait de Marie-Antoinette et 6 charmantes figures de Ransonnette. La première partie est écrite dans le genre narratif, la seconde est une biographie postérieure à 1771, et sans la moindre vraisemblance. C'est un acte d'accusation très passionné, débité à la première personne du singulier, aussi singulièrement écrit qu'invraisemblable et qui ne doit pas être de la même main que la première partie. — L'ouvrage est présenté dans l'introduction comme un peu exagéré peut-être, mais au fond vrai et sérieux. La reine y est ouvertement blamée pour ses intrigues et pour le mal que l'on suppose qu'elle voulait faire à la France libérale.
Superbe exemplaire non rogné. Très rare.

1259. Estienne (Henri). Apologie pour Hérodote ou Traité de la conformité des merveilles anciennes avec les modernes, par Henri Estienne. Nouvelle édition augmentée de remarques par Le Duchat. La Haye, Henri Scheurleer, 1735, 2 tomes en 3 vol. in-12, front. gr., mar. vert, fil., gardes de papier doré, tr. dor. (Rel. anc.)   80 fr.

Bel exemplaire.

1260. Ettingshaussen (von Constantin) und Alois Pokorny. Physiotypia plantarum Austriacarum. Der naturselbstdruck in seiner amvendumg auf die gefasspflanzen des osterreichischen kaiserstaates, mit besonderer berücksichtigung der nervation in den flachenorganen der planzen. Wien, 1856, 5 vol. in-fol. de planches et 1 vol. gr. in-4 de texte, demi-chag. avec coins, tr. dor.   350 fr.

Très bel ouvrage renfermant 500 planches in-fol. et 30 in-4.

1261. Eudel (Paul). 60 planches d'orfévrerie de la collection P. Eudel pour faire suite aux éléments d'orfévrerie composés par Pierre Germain. Paris, Quantin, 1884, album in-4, dans un carton. Au lieu de 100 fr.   55 fr.

Album avec texte illustré de 60 pl. gravées à l'eau-forte.

1262. Evérard (Etienne). Métode pour liquider les mariages avenans des filles dans la coutume générale de Normandie et dans la coutume particulière de Caux. Rouen, 1734, in-12, veau.   5 fr.

Ouvrage très curieux.

1263. Exercices de l'infanterie française, 1752, recueil de 36 planches gravées par Aliamet, in-4, mar. rouge, fil., dent. int., tr. dor. (Motte).
175 fr.

Plusieurs planches sont en deux états, (eaux-fortes et épreuves terminées), bel exemplaire.

1264. Fabre (Ferdinand). L'abbé Tigrane, candidat à la papauté. Paris, Conquet, 1890, in-8, br.   60 fr.

Un portrait d'après J.-P. Laurens et 20 eaux-fortes originales de E. Rudaux. Une charmante aquarelle originale de H. de Sta se trouve ajoutée sur le titre.

1265. Faictz et **dictz** de feu de bonne mémoire Maistre Alain Chartier, en son vivant secrétaire du feu roy Charles septiesme du nom... Adjousté le Débat du gras et du maigre, que n'avoit encore esté imprimé... (¶ On les vend à Paris en la grant salle du Palais, au premier pillier, en la boutique de Galliot du Pré, libraire juré en luniversité. (¶ Mil cinq cens vingt et six. (1526), pet. in-fol. goth. de 6 ff. prél. non ch. et 126 ff. à 2 col. ch. par erreur 124, fig. sur bois, mar. vert, dos orné, fil. à fr. comp. dor. à la Du Seuil, fil. int. tr. dor. (Wright.)   300 fr.

Edition rare et recherchée ornée de deux figures sur bois.
Bel exemplaire réglé, au chiffre et à l'ex-libris de Edward Vernon Utterson ;

Et de Livres anciens et modernes

il provient en dernier lieu de la bibliothèque J. Renard.

1266. Faulcon (Félix). Mélanges législatifs, historiques et politiques pendant la durée de la Constitution de l'an III. Paris, 1801, 3 vol. in-8, demi-veau.   5 fr.

1267. Féline (le P.). Catéchisme des gens mariés, s. l. n. d. (Caen, Imp. de Le Roy, in-12, mar. orange, dent. int., tr. dor. (Petit).   80 fr.

Bel exemplaire.

1268. Fénelon (de). Les Aventures de Télémaque, fils d'Ulysse. Paris, de l'imprimerie de Didot l'aîné, 1783, 4 vol. in-18, pap. vélin, mar. rouge, fil., tr. dor. (Derome.).   80 fr.

De la collection de Mgr le Dauphin. Très bel exemplaire.

1269. Fénelon. Les aventures de Télémaque, fils d'Ulysse. Paris, Didot, 1796, 4 vol. in-12, demi-maroq. rouge, n. rog, (Thouvenin).   180 fr.

2 portraits par Delvaux, V. Vivien. 24 charmantes figures par Lefebvre, gravées par Delvaux, Godefroy, Simonet, Thomas et Trière.
Exemplaire en grand papier vélin, avec les figures avant la lettre.

1270. Feuillets glanés, poésies inédites faites spécialement d'après 20 eaux-fortes, gr. in-8, cart. tr. dor.   15 fr.

20 eaux-fortes. Publié à 30 fr.

1271. Figuier (Louis). La vie et les mœurs des animaux. Paris, Hachette, 1866, gr. in-8, cart., n. rog., couv.   5 fr.

385 figures.

1272. Fille Elisa (La). Scène d'atelier en un acte par un auteur bien connu. (Lemercier de Neuville), avec illustrations d'un artiste aussi renommé qu'original. A Rome, au temple de Vénus, s. d., broch. in-8.   3 fr.

Critique très curieuse de Nana et de l'Assommoir, avec 2 eaux-fortes.

(Extrait de la préface.) « Ami-lecteur, je ne te conseille point de colporter ce livre sous le manteau : il n'a point les mérites primentés nécessaires pour cela : je ne te conseille point non plus de le laisser traîner dans la chambre de ta fille, ni dans le salon de ta femme : non pas que je craigne son influence sur la vertu de l'une ni sur l'innocence de l'autre, mais à vrai dire, il ne serait pas à sa place. »

Très rare.

1273. Forcellini. Totius latinitatis Lexicon. consilio et cura Jacobi Facciolati opera et studio. Ægidii Forcellini, secundum tertiam editionem cujus curam gessit Josephus Furlanetto correctum et auctum labore variorum. Lipsiæ, 1839, 4 tomes en 2 vol. in-fol. à 3 col., demi-rel. mar. r.   60 fr.

1274. Forfaits (Les) du 6 Octobre, ou examen approfondi du rapport de la procédure du Châtelet sur les faits des 5 et 6 Octobre 1789 ; fait à l'assemblée nationale par M. Charles Chabrand, de Vienne en Dauphiné. S. l., 1790, 2 vol. in-8, demi-chag. rouge.   5 fr.

1275. Fougeret de Montbron. Margot la Ravaudeuse, s. l. (Poulet-Malassis), 1868, in-12, demi-mar. vert, tête dor., n. rog.   25 fr.

Frontispice sur chine de F. Rops.

1276. Galerie complètes des tableaux des peintres les plus célèbres de toutes les époques ou recueil des plus belles compositions tirées des saintes écritures de l'histoire ancienne et autres sujets. Paris, Didot, 1843, 12 vol. in-4, brochés.   60 fr.

1300 gravures accompagnées de notices sur la vie de chaque peintre.

1277. Galerie électorale de Dusseldorff, ou catalogue raisonné et figuré de ses tableaux. Basle Ch. de Méchel, 1778, 2 vol. in-4, demi-veau rose, plats papier.   100 fr.

30 pl. contenant 365 petites estampes gravées d'après ces mêmes tableaux par Chrétien de Méchel.
Cet ouvrage est d'autant plus intéressant que la Galérie Dusseldorff a été détruite dans un incendie.

1278. Galerie de Florence. Tableaux, statues, bas-reliefs et camées de la Galerie de Florence et du Palais Pitti, dessinés par M. Vicar, peintre et gravés sous la direction de M. Mongez, l'aîné. A Paris, chez Lacombe, 1789-1807, 4 vol. in-fol., figures, demi-mar. brun, n. rog.   300 fr.

1 frontispice et 200 planches. Bel exemplaire.

1279. Galerie. La Reale Galleria di Torino illustrata da Roberto d'Azeglio dedicate à S. M. Il Re Carlo Alberto. Trorino, Typografia Chirio e Mina, 1836, volume I-III, gr. in-fol., demi mar. rouge avec coins, plats toile, tr. dor.   150 fr.

Contenant 120 planches gravées avec description.
Exemplaire en grand papier avec les épreuves avant la lettre.

1280. Gautier (Léon). La chevalerie. Paris, Palmé, 1884, in-4, percal. rouge, tr. dor.   25 fr.

25 grandes compositions hors texte et

150 gravures dans le texte publié à 40 francs.

1281. Germain (Mgr), **Brin et Corroyer.** Saint-Michel et le Mont-Saint-Michel. Paris, Didot, 1880, gr. in-8, demi-chag. rouge avec coins, tête dor. **12 fr.**

Ouvrage illustré d'une photogravure, de 4 chromolithographies et de 200 gravures.

1282. Gessner. Œuvres. A Paris, chez Ant. Aug. Renouard, 1799, 4 vol. in-8, fig., v. fauve, tr. dor. (Simier.) **350 fr.**

Bel exemplaire tiré sur papier vélin, avec 3 portraits et 48 fig. dess. par Moreau, gr. par Bacquoy, Dambrun, Dupréel, de Ghendt, Le Mire, etc. Epreuves avant la lettre.

1283. Gill (A). Les Hommes d'aujourd'hui, portraits-charge. Paris, Cinqualbre, s. d., in-4, cart. tr. jasp. **15 fr.**

104 portraits coloriés.

1284. Girard (Bernard de). De l'Estat et succèz des affaires de France, illustré de plusieurs belles recherches. Ensemble une Sommaire Histoire des Seigneurs, comtes et Ducz d'Anjou. Paris, à l'Olivier, de P. L'Huillier, 1580, in-8, v. ant., milieu dor, tr. jas. **10 fr.**

1285. Girardin (R. de). Promenade ou itinéraires des jardins d'Ermenonville. Paris, 1788, gr. in-8, cart. **45 fr.**

24 figures par Mérigot.

1286. Godart d'Aucourt. Thémidore ou mon histoire et celle de ma maîtresse. Bruxelles, 1883, pet. in-8, br., papier teinté, figures. **4 fr.**

1287. Gœthe. Faust, traduction et préface nouvelles, par H. Blaze de Bury. Paris, Quantin, 1880, gr. in-8, br. Neuf. Au lieu de 50 fr. **25 fr.**

Ce magnifique ouvrage est imprimé sur papier de Hollande fabriqué à la forme, illustré de 11 eaux-fortes hors texte, dont 1 portrait par Lalauze, tirées sur hollande, et de 50 bois gravés par Méaulle, d'après Wogel et Scott, pour chaque chapitre, en-têtes et cul-de-lampe.

1288. Goncourt (Ed. et Jules). L'Art du dix-huitième siècle. 3e édition revue et augmentée et illustrée de planches hors texte. Paris, Quantin, 1880, 2 vol. in-4, demi-mar. noir, n. rog. **90 fr.**

1289. Goncourt (Edm. et J. de). Madame de Pompadour. Nouvelle édition revue et augmentée de lettres et documents inédits. Paris, Didot, 1888, in-4, br. **20 fr.**

45 reproductions sur cuivre et 2 planches en couleur par Dujardin.

1290. Goncourt (Edm. et J. de). La Lorette. Paris, Charpentier, 1883, in-12 carré, demi-mar. gren. avec coins, tête dor., n. rog., couv. **6 fr.**

Avec un dessin de Gavarni gravé par J. de Goncourt.

1291. Gordon. Discours historiques et politiques sur Salluste. S. l., 1759, 2 vol. in-12, veau écaille, fil., tr. dor. dos orné. **30 fr.**

Aux armes de Monsieur Du Barry, sur le dos, avec la devise : « Boutez en avant. »

1292. Goudelin (Pierre). Les Obros de Pierre Goudelin, augmentados nonbelomen de forco Pessos, ambé le Dictionnaire sur la lengo Monndino. A Toulouso, 1774, in-12, mar. rouge, fil., tr. dor., dos orné, tr. dor., (rel. anc.). **40 fr.**

Bel exemplaire.

1293. Granges de Surgères (le Mis de). Les portraits du duc de La Rochefoucauld. Notice et catalogue. Paris, Morgand, 1882, in-8, br. **3 fr.**

2 portraits inédits gravés par Ad. Lalauze.

1294. Grenier (F.). Album de chasses au tir et au chien d'arrêt. Paris, chez Aubert, s. d , in-4 oblong cart. **35 fr.**

Album contenant 33 planches lithographiées par Grenier.

1295. Gresset. Œuvres choisies. Paris, Saugrain, de l'imprimerie de Didot, an II, in-12, mar. rouge, dent. sur les plats, tr. dor. (rel. anc.). **35 fr.**

Figures de Moreau le jeune.

1296. Griffet (Henri). Traité des différentes sortes de preuves qui servent à établir la vérité de l'histoire. A Liège, chez Bassompierre, 1769, in-12, veau, tr. rouges. **3 fr.**

1297. Grimarest. La vie de M. de Molière. Paris, J. Le Febvre, 1705, in-12, veau. **10 fr.**

Edition originale.

1298. Grimod de la Reynière. Almanach des gourmands, Paris, Maradan, an XII, 1804, in-12, cart., front. **2 fr.**

1re année.

1299. Guiffrey (Jules). Inventaire général du mobilier de la couronne sous Louis XIV, publié pour la 1re fois sous les auspices de la société d'encouragement pour la propagation des livres d'art. Paris, siège de la Société, 1885, 2 vol. in-4, br. **25 fr.**

Et de Livres anciens et modernes

1300. **Guilbert** (Aristide). Histoire des vi'les de France. Paris, 1853, 6 vol. gr. in-8, br.   30 fr.

Ouvrage recherché, il contient un grand nombre de figures sur acier représentant des vues de villes. Rare en cette condition.

1301. **Guilhermy** (De). Description archéologique des monuments de Paris. Paris, Bance, 1856, in-12, demi-rel. chag. rouge.   4 fr.

Illustré de 15 gravures sur acier et 22 vignettes gravées sur bois d'après les dessins de Ch. Fichot, plan.

1302. **Guillemin**. Les phénomènes de la physique. Paris, Hachette, 1869, gr. in-8, demi-mar. rouge, tr. peigne.   10 fr.

Ouvrage illustré de 457 gravures dessinées par Bonnafoux et gravées par Ch. Laplante et de 11 planches imprimées en couleur.

1303. **Guillet**. Les arts de l'homme d'épée ou le dictionnaire du gentilhomme. Paris, Clouzier, 1678, 3 part. en 1 fort vol., in-12, veau.   25 fr.

1re partie contenant l'art de monter à cheval. — 2e part. contenant l'art militaire expliqué. — 3e part. contenant l'art de la navigation, 1 figure pour chaque partie.

1304. **Guizot**. Histoire de France depuis les temps les plus reculés jusqu'en 1789, racontée à mes petits-enfants. Paris, Hachette, 1872, 5 vol. gr. in-8, demi-rel.   50 fr.

Gravures dessinées par A. de Neuville.

1305. **Guizot**. Collection des mémoires relatifs à l'histoire de la fondation de la Monarchie française jusqu'au 13e siècle avec une introduction les suppléments, des notices et des notes. Paris, J. Brière, 1823. 31 vol. in-8, demi-rel. toile.   75 fr.

Quelques taches de rousseur, cachets sur les titres.

1306. **Halévy** (Ludovic). La famille Cardinal. Paris, C. Lévy, 1883, pet. in-8, demi-mar. gren. avec coins, tête dor., n. rog., couv.   22 fr.

On y a joint la suite complète de 1 front. et de 8 figures de Mas, gravées par J. Massard.

1307. **Hamilton** (Ant.). Mémoires du comte de Grammont. Nouvelle édition augmentée de notes et d'éclaircissements nécessaires par M. Horace Walpole. Londres, Dodsley, 1873, in-4, veau.   6 fr.

3 portraits.

1308. **Hardouin de Pérefixe**. Histoire du roi Henri-le-Grand, composée par Messire Hardouin de Pérefixe. A Toulouse, de l'imprimerie de D. Desclassen, 1782, in-12, veau.   3 fr.

1309. **Hatin** (Eug.). Histoire politique et littéraire de la presse en France, avec une introduction historique sur les origines du journal et la bibliographie générale des journaux depuis leur origine. Paris, Poulet-Malassis, 1859, 8 vol. in-8, demi-veau fauve, tr. jasp.   30 fr.

1310. **Havard** (Henry). L'Art à travers les mœurs, ouvrage publié sous les auspices de la société d'encouragement pour la propagation des livres d'art. Paris, Quantin, 1882, in-4, br.   15 fr.

Illustrations par C. Goutzvviller.

1311. **Havard** (Henry). L'Art dans la maison, grammaire de l'ameublement. Paris, librairie illustrée, s. d., in-4, demi-rel., veau avec coins, dos orné, tr. dor.   20 fr.

1312. **Herculanum** et **Pompéi**. Recueil de peintures, bronzes, mosaïques gravées au trait sur cuivre, par Roux, avec un texte explicatif par Barré. Paris, Didot, 1861, 8 vol. gr. in-8, cart., non rogné.   65 fr.

1313. **Histoire** de la vie et de la mort de M. de Talleyrand Périgord, prince de Bénévent, avec un grand nombre de documents et de notes historiques par S. D***. Paris, librairie de la société de St-Nicolas, s. d., in 8, cart. n. rog.   4 fr.

1314. **Histoire** des deux voyages entrepris par ordre du gouvernement anglais, l'un par terre par le capitaine Franklin, l'autre par mer par le capitaine Parny, pour la découverte d'un passage de l'Océan Atlantique dans la mer pacifique. Paris, Gide, 1824, in-8, demi-rel. veau fauve.   2 fr. 50

1 carte.

1315. **Histoire** des Juifs, depuis Jésus-Christ jusqu'à présent. Contenant les dogmes des Juifs, leur confession de foi, leurs variations et l'histoire de leur religion, depuis la ruine du Temple. Pour servir de supplément et de continuation à l'histoire de Joseph. Paris, Roulland, 1710, 7 vol. in-12, veau.   10 fr.

1316. **Histoire** du vieux et du nouveau Testament. Amsterdam, chez P. Mortier, 1700, 2 vol. in-fol., veau, (rel. anc.).   120 fr.

400 figures de Bernard Picart, exemplaire avant les clous.

1317. **Hoffmann**. Contes fantastiques.

traduction nouvelle, précédés de Souvenirs intimes sur la vie de l'auteur par P. Christian. Paris, Lavigne. 1843, gr. in-8, demi-mar. rouge avec coins, tête dor., n. rog., couv. (Bretault). **40 fr.**

. Illustrations de Gavarni.

1318. **Homère.** OEuvres avec des remarques, précédées de réflexions sur Homère et sur la traduction des poètes, par P. J. Bitaubé. Paris, Tenré, 1822, 4 vol. in-8, demi-veau. **5 fr.**

1319. **Hore** della gloriosia vergine Maria regina de cicli. Tradotte semplicemente in versi sciolti, par R. P. Francesco da Trevigi Carmelitano. In Vinegia, appresso Gabriel Giolito de Ferrari, 1570. In-12 ; mar. vert, large dentelle à l'oiseau. tr. dor. (Padeloup). **400 fr.**

Toutes les pages de ce joli livre d'heures sont entourées d'un encadrement de bon goût. Vingt et une grandes vignettes, dont plusieurs se répètent. Lettres initiales à sujets. Sur le titre, la signature de Joannes Ballesdens. Armoiries sur les plats de la reliure. Exempl. Yemeniz.

1320. **Houdetot** (Ad. d'). La Petite Vénerie ou la chasse au chien courant. Paris, 1855, in-8, demi-mar. olive, tête dor., n. rog. port. **15 fr.**

1321. **Houdetot** (Ad. d'). Le Chasseur rustique, contenant la théorie des armes. du tir, et de la chasse au chien d'arrêt, en plaine, au bois, au marais, sur les bancs, suivi d'un traité complet sur les maladies des chiens. Paris, 1847, in 8, demi-chag. vert, flg. **10 fr.**

1322. **Hugo** (Victor). Les orientales. Paris, Hetzel, s. d., in-12, demi-rel. chag. rouge. **2 fr. 50**

1323. **Hugo** (Victor). Les rayons et les ombres. Paris. Hetzel, s d., in-12, demi-rel. chag. rouge. tête dor., n. rog. **2 fr. 50**

1324. **Hugo** (Victor). Les voix intérieures. Paris, Hetzel, s. d., in-12, demi-rel. chag. rouge, tête dor.. n. rog. **2 fr. 50**

1325. **Hugo** (A.). France pittoresque ou description pittoresque topographique et statistique des départements et colonies de la France. Paris, Delloye, 1835, 3 vol. gr. in-8, demi-veau gris. **10 fr.**

Nombreuses illustrations. Cartes.

1326. **Hugo** (V.). Littérature et philosophie mêlées. Paris. E. Renduel, 1834, 2 vol. in-8, demi-veau rose, tr. marb. **5 fr.**

1327. **Icones** biblicae veteris et novi Testamenti figuren biblischer historien alten und neven testaments proprio aere incise et venales expostae a Melchiore Kysel Augustano. Nurnberg, s. d., in-4, veau grenat, comp. à froid sur les plats, style XVIᵉ siècle, tr. dor. (Tompson). **60 fr.**

Recueil de 211 figures gravées à l'eauforte, au-dessous desquelles se trouvent six vers avec leur traduction en allemand. Imcomplet de 4 planches au Nouveau Testament.

1328. **Iconographie** française, s. l. n. d., 4 vol. gr. in-8, demi-veau rose. **70 fr.**

Recueil factice d'environ 450 portraits lithographiés par Delpech.

1329. **Imitation** de Jésus-Christ (traduction de Michel de Marillac). Paris. Curmer, 1856-1858, 2 vol. in-4, en feuilles. **140 fr.**

Superbe édition ornée de nombreuses miniatures et encadrements de pages en couleur.

1330. **Inventaire** de la blibliothèque du roi Charles VI, fait au Louvre en 1423, par ordre du Régent, duc de Bedford. Paris, Société des blibliophiles, 1867, in-8, demi-mar. vert. tête dor., n. rogn. **8 fr.**

1331. **Jacquemont** (Victor). Correspondance avec sa famille et plusieurs de ses amis pendant son voyage dans l'Inde (1828-32). Paris, Fournier, 1833, 2 vol. in-8, demi-veau fauve. **8 fr.**

1332. **Jaeglé** (Ernest). Correspondance de Madame la duchesse d'Orléans. Paris, Quantin, 1880, 2 vol. in-12. brochés. **4 fr.**

1333. **Jal** (A.). Dictionnaire critique et biographie et d'histoire, errata et supplément pour tous les dictionnaires historiques d'après les documents authentiques. Paris, Plon, 1867, gr. in-8, demi-rel. chag. vert. **7 fr.**

1334. **Janin** (Jules). L'Ane mort. Paris, Ern. Bourdin, 1842, gr. in-8, demi-percal. avec coins, tête dor., n. rog. (Pierson). **18 fr.**

Edition illustrée par Tony Johannot. Bel exemplaire non piqué.

1335. **Jardin** (Le) des plantes, description complète historique et pittoresque du muséum d'histoire naturelle de la ménagerie, des serres, des galeries de minéralogie et d'anatomie. et de la vallée suisse. Mœurs et instincts des animaux, botanique. anatomie comparée. minéralogie. géologie. zoologie, par MM. Bernard, Gouailhac, Gervais et Emm. Lemaout. Paris-

Curmer, 1842, 2 vol. gr. in-8, demi-chag., plats. 20 fr.

Nombreuses figures dans le texte et hors texte.

1336. D. Joannis Calvini.... Institutio christianæ religionis tum aucta tam magna accessione, ut propemodum opus novum haberi posset. Lausannæ, excudebat Fr. Le Pieux, 1576, in-8, vélin, à recouvrements. 45 fr.

Cette édition comprend : 16 ff. prélim. non ch., 380 ff. ch. et 72 ff. non ch. pour l'index.

Exemplaire réglé. Hauteur : 196 mill.

1337. Jodelle (Estienne). Les OEuvres et Meslanges poétiques d'Estienne Jodelle, sieur de Lymodin (publiés par Charles de La Mothe). Paris, Nicolas Chesneau, 1574, in-4, car. ital. demi-rel. bas. r. 50 fr.

Premier volume seul paru. Rare.

Fortes mouillures aux 50 premiers ff. Court de marges. Ratures à l'encre sur le titre.

1338. Janes (William). A Grammar of the Persian language, the ninth édition, with considérable additions and improvements and tome spécimen of the finest Persian and Arabick hand writinis for the exercide of the student by the Rev. Samuel Lee B. d. London, 1828, in-4, demi-veau gris. 8 fr.

1339. Joyeusetez (Les), facéties et folâtres imaginations de Caresme prenant Gauthier, Garguille, Guillot, Gorju, Roger Bontemps, Turlupin, Tabarin, Arlequine. Moulinet, etc. Paris, Techener, 1829-33, 4 vol. in-16, mar. vert, fil., dos ornés, fil., tr. dor. (Trautz-Bauzonnet). 400 fr.

Collection complète. exemplaire imprimé sur papier de chine rose très fin, n° 1.

1340. Karr (Alphonse). Les guêpes. Paris, Lévy, 1858, 6 vol. in-12, demi-rel. chag. 8 fr.

1341. Keyser. L'Ambassade de la Compagnie orientale des Provinces-Unies vers l'empereur de Chine, ou grand Cam de Tartarie, faite par les sieurs Pierre de Goyer et Jacob de Keyser, le tout recueilli par Jean Nieuhoff, mis en françois par Jean Le Carpentier. Leyde, 1665, in-fol., front. gr., portr. et nombr. fig., mar. rouge, dos orné, fil. tr. dor. (Rel. anc.). 60 fr.

Bel exemplaire.

1342· Labarte (Jules). Recherches sur la peinture en émail dans l'antiquité et au moyen-âge. Paris, Didron, 1856,

in-4, demi chag. rouge, tr. jasp., couv. 25 fr.

Envoi et lettre autographe de l'auteur Planches coloriées. Rare.

1343. Labédollière (Em. de). Le Nouveau Paris, histoire de ses 20 arrondissements. Paris, Barba, gr. in-8, demi-mar. olive avec coins, tête dor., éb., dos orné. 18 fr.

Illustrations de Gust. Doré.

1344. Labédollière (Em. de). Histoire des environs du nouveau Paris. Paris, Barba, gr. in-8. demi-mar. olive avec coins, tête dor., éb., dos orné. 18 fr.

Illustrations de Gust. Doré.

1345. Laborde (Comte Alex. de). Les Monuments de la France, classés chronologiquement, et considérés sous le rapport des faits historiques et de l'étude des arts. Paris, (Giard), de l'imp. de P. Didot l'aîné, 1816-1836, 2 vol. gr. in-fol pl., demi-rel. chag. vert, pl. toile, non rog. 180 fr.

250 planches.

1346. Laborde (Alex.). Voyage pittoresque et historique de l'Espagne. Paris, impr. de P. Didot, 1806, 4 vol. gr. in-fol. demi-mar. rouge avec coins, n. rog. 150 fr.

Très bel exemplaire sur papier vélin contenant environ 180 planches. Publié au prix de 1700 fr.

1347. La Bruyère. Les caractères de Théophraste. traduit du grec, avec les caractères ou les mœurs de ce siècle. Paris. Est. Michalet, 1700, 2 vol. in 12, veau. 8 fr.

Avec la clef en marge par ordre alphabétique. Griffonnages sur les titres.

1348. Labyrinthe Royal de l'Hercule Gaulois triomphant, sur le sujet des fortunes, batailles, victoires, trophées, triomphes, mariage et autres faicts... de Henry IV, roy de France et de Navarre. Représenté à l'entrée triomphante de la Royne en la cité d'Avignon, le 19 novembre l'an 1600, (par l'abbé André Valladier.) Chez Jacques Bramereau, imprimeur en Avignon, s. d., pet. in-fol. pl. mar. bleu, dos orné, fil. comp. armes de France et chiffre de Henri IV sur les plats, dent. int., tr. dor. et ciselée. (Lortic). 350 fr.

Livre très rare et très recherché orné des portraits de Henri IV et de Marie de Médicis, d'un titre-frontispice et de 12 planches sur cuivre de Greuter.

1349. Lachau (l'abbé de) et **Le Blond**. Descriptions des principales pierres gravées du cabinet de S. A. S. Msr le duc d'Orléans, premier prince du

sang. Paris, 1780-1794, 2 vol. in-fol.,
cart. de l'époque, n. rog.   100 fr.

Superbe frontispice par Cochin, gravé
par Saint-Aubin, renfermant le portrait
du duc d'Orléans : 1 fleuron, le même
pour les 2 titres par Saint-Aubin ; 2 très
jolies vignettes en tête du 1er volume et
du 2e dessinées et gravées par St-Aubin :
178 pierres gravées par Saint-Aubin
quoique non signées et 54 culs-de-lampe,
la plupart d'une grande beauté (46 dans
le 1er et 10 dans le 2e) tous dessinés et
gravés par Saint-Aubin, à l'exception
du dernier du 1er volume gravé par
Mme E. de Sabran.

1350. Lacroix (Paul). Le XVIIe siècle,
institutions, usages et costumes.
France, 1590-1700. Paris, Didot. 1880,
gr. in-8, cart. de l'éditeur.   20 fr.

Ouvrage illustré de 16 chromo-litho-
graphies et 300 gravures sur bois dont
20 tirées hors texte.

1351. La Fontaine. Fables choisies,
mises en vers (publié avec la vie de
l'auteur par M. de Monthenault). Paris, Desaint et Saillant, 1755, 4 vol.
in-fol., veau marbr., tr. marbr.
                                      400 fr.

1 frontispice par Oudry, terminé par
Dupuis et gravé par Cochin, et 275 figu-
res par Oudry, gravées par Aubert,
Baquoi, Cochin, Divet, Flisart, Galli-
mard, Lebas, Lemire, Moitte, Pasquier,
Sornique, Tardieu, etc. etc.

1352. La Fontaine. OEuvres, d'après
les textes originaux, suivies d'une
notice sur sa vie et ses ouvrages par
Alph. Pauly. Paris, Lemerre, 1875-84,
6 vol. gr. in-8, br.   70 fr.

L'un des 25 ex. sur papier Whatman.
Comprenant : Fables, 2 vol. — Contes, 2
vol. — Théâtre, 2 vol. Publiés à 240 fr.

1353. La Fontaine. Les Amours de
Psyché et de Cupidon, précédés du
poème d'Adonis. Paris, J. J. Coiny, s.
d., 2 vol. in-12, pap. vél., cart., non
rog.   40 fr.

Figures d'après Raphaël, gravées par
Coiny avant la lettre.

1354. Laforge (Ed.). Des Arts et des
Artistes en Espagne, jusqu'à la fin
du XVIIIe siècle. Lyon, L. Perrin,
1859, gr. in-8, br. papier vergé. 5 fr.

1355. Laforge (Ed.). De la peinture et
des peintres des duchés italiens du
XIIIe au XVIIe siècle. Lyon, imp. de
L. Perrin, 1857, gr. in-8, br. papier
vergé.   3 fr. 50

Envoi autographe de l'auteur.

1356. Lano (Pierre de). Les bals tra-
vestis et les tableaux vivants sous le
second Empire. Paris, Simonis Em-
pis, 1893, gr. in-8, br.   10 fr.

Illustré de 25 aquarelles par L. Lebè-
gue.

1357. La Rue (l'abbé de) **essais historiques sur les bardes,** les Jon-
gleurs et les Trouvères normands et
anglo-normands ; suivies de pièces
de Malherbe, qu'on ne trouve dans
aucune édition de ses œuvres. Caen,
Mancel, 1834, 3 vol. gr. in-8, mar.
vert, fil., tr. dor. (Bauzonnet). 75 fr.

Bel exemplaire en grand papier vélin.

1358. Lastic Saint-Jal (le Cte de).
L'Ami de l'Eleveur, réflexions pratiques sur l'espèce chevaline. A. B. C.
du métier. Paris, Plon, 1856, in 8,
chag. vert, portr.   10 fr.

Orné de 16 dessins et de 50 vignettes
par V. Adam.

1359. Le Comte. Mémorial ou Journal historique, impartial et anecdoti-
que de la révolution de France. Paris,
Duponcet, 1801, 3 vol. pet. in-12,
veau.   8 fr.

Figure allégorique.

1360. Legrand d'Aussy. Fabliaux ou
contes, fables et romans du XIIe et du
XIIIe siècle, traduits ou extraits par
Legrand d'Aussy. Troisième édition,
considérablement augmentée. Paris,
Renouard, 1829, 5 vol. in 8, fig.,
demi-rel. mar. rouge, dos et coins,
non rognés.   130 fr.

Exemplaire contenant les 18 figures de
Moreau en double état : avant la lettre
sur papier de Chine et avec la lettre.

1361. Lemercier (Nepomucène). Les
quatre Métamorphoses, poème, précédés d'une étude par Ch. Monselet.
Sur l'imprimerie de Paris, 1799. Bruxelles, Poulet-Malassis, 1866, in 32,
pap. fin de Holl., front. à l'eau-forte,
sur Chine volant, cart. dos et coins
de mar. r., tête nor., n. rog. (David).
                                 8 fr.

Tiré à 262 exemplaires numérotés (no
103.)

1362. Lemoyne (André). Les Char-
meuses et les Roses d'antan, précédées d'une étude par Jules Levallois.
Paris, F. Didot, s. d., gr. in-8, demi-
mar. rouge avec coins, tête dor., n.
rog., couv., dos orné. (Claessens).
                                 14 fr.

Eaux-fortes de Bellée, Delauney, Feyen-
Perrin, Laurens etc.

1363. Lenoir (Alexandre). Description
historique et chronologique des monumens de sculpture réunis au musée
des monumens français. Paris, chez
Laurent Guyot et Agasse, an x de la
République, in-8, cart., n. rog. 3 fr.

1364. Leonis. (S. S. P. P.) magni ma-
ximi Taurinensis episcopi, et Petri
Chrisologi, Ravennatis episcopi, Opera
omnia quæ reperiri potuerunt, cum

Et de Livres anciens et modernes

indicibus novis. Parisiis, sumptibus Seb. Cramoisy, 1614. In-fol., mar. vert, tr. dor.   75 fr.

> Bel exemplaire aux chiffres et aux armes de J.-A. de Thou et de Gasparde de la Chatre, sa femme.

1365. **Le Sage**. Histoire de Gil Blas de Santillane. Edition collationnée sur celle de 1747, corrigée par l'auteur, avec un examen préliminaire, de nouveaux sommaires des chapitres et des notes historiques et littéraires, par le comte François de Neufchâteau. Paris, Lefèvre, 1820, 3 vol. in-8, demi-mar. rouge, n. rog. 30 fr.

> Figures de Desenne. Exemplaire tiré sur gr. papier vélin, avec les figures avant la lettre.

1366. **Lescure** (De). Correspondance secrète inedite sur Louis XVI, Marie-Antoinette. La cour et la ville, de 1777 à 1792. Paris, Plon, 1866, 2 vol. in-8, br.   9 fr.

1367. **Lescure** (De). Mémoires de Madame de Staal, avec notice historique, notes et table analytique. Paris, Lemerre, 1877, 2 vol. in-12, br.
    5 fr.

1368. **Letellier**. Cours complet de langue universelle, grammaire et radicaux, 2 vol. — Applications de la langue universelle aux sciences et aux lettres, 2 vol. Paris. 1852-1855, ensemble 4 vol. in-8 br.   16 fr.

> Très rare, publié à 36 fr.

1369. **Libro de Mostre ‖ Di Ponti in ære**, ‖ intitolato Corono de le mostre. ‖ Opera nuova et non ‖ più veduta. ‖ S. l., n. d., in 4 obl. pl. mar. r. jans. dent. int. tr. dor. (Trautz-Bauzonnet.)   500 fr.

> Ouvrage non cité comprenant en tout 16 ff. sans ch. n. sign. — Le premier f. comprend le titre et le second, une dédicace signée Armenio Corte et adressée à Hélène Barozza épouse du comte Antonio Zantani. Les 13 ff. suivants, imprimés au r° et au v°, contiennent de beaux modèles de broderies dont trois occupent une double page. Le dernier f., blanc au r°, porte au v° : Il fine del primo ‖ libro. ‖ avec la marque de l'imprimeur, qui parait être celle de Valgrisius de Venise.
> Très bel exemplaire avec témoins.

1370. **Linant de Bellefonds Bey**. Mémoires sur les principaux travaux d'utilité publique exécutés en Egypte depuis la plus haute antiquité jusqu'à nos jours. Paris, Bertrand, 1872-1873. gr. in-8, demi-mar. vert, tête jasp. n. rog. et atlas in-fol. en feuilles.   20 fr.

> L'atlas comprend 12 planches coloriées.

1371. **Livres d'heures** satirique et libertin du XIXᵉ siècle, in-8.br. 10 fr.

> Ce curieux livre est orné à chaque page d'encadrements variés, fort curieux, de couleurs différentes.

1372. **Livre d'or** (Le) du Salon de peinture et de sculpture. Catalogue descriptif des œuvres récompensées et des principales œuvres, hors concours, rédigé par G. Lafenestre. Paris, Jouaust, 1879-86, 8 vol. gr. in-8, br.   60 fr.

> Formant les 8 premières années. Nombreuses eaux-fortes.

1373. **Livre** (Le) du Roy Modus et de la Royne Racio. Nouvelle édition conforme aux manuscrits de la bibliothèque royale, ornée de gravures faites d'après les vignettes de ces manuscrits fidèlement reproduites, avec une préface par Elzéar Blaze. Paris, E. Blaze, 1839, gr. in-8, peau de truie, fil. compart., dos orné, tr. dor.   100 fr.

> Jolie édition très rare, imprimée en caractères gothiques, ornée de vignettes gravées sur bois, tirées des anciens manuscrits. Ouvrage sur la chasse. Très bel exemplaire.

1374. **Longus**. Les Amours pastorales de Daphnis et Chloé. S. l. (Paris, Quillau), 1718, pet. in-8, front. gravé et fig., mar. vert, dos orné, dent., tr. dor. (Rel. anc.)   200 fr.

> Edition ornée des figures gravées par Audran, d'après les dessins du Régent.

1375. **Longus**. Daphnis et Chloé ou les pastorales de Longus, traduites du grec, par J. Amyot. Nouvelle édition revue, corrigée et complétée. Paris, Leclère, 1863, in-8, demi-mar. rouge, tête dor., n. rog., dos orné, vignettes.   25 fr.

> Figures de Proudhon ajoutées.

1376. **Loret** (J.). La Muze historique ou recueil des lettres en vers, contenant les nouvelles du temps, écrites à son altesse Mlle de Longueville, depuis duchesse de Nemours. Nouvelle édition par Ch. Livet. Paris, Daffis, 1857, 4 vol. gr. in 8. demi-percal., tête jasp., n. rog., couv.   12 fr.

1377. **Lorrain** (Claude). Li opere di Claudio Gellee lorenese, incise all' aqua forte da L. Carucciolo. Roma, 1820, 2 vol. in-fol., cart. non rog.   50 fr.

> Portrait et 200 planches en parfait état.

1378. **Lorris** (Guil de) et **Jehan de Meung**. Le roman de la Rose. Nouvelle édition revue et corrigée

Achat de Bibliothèques

sur les meilleurs et plus anciens manuscrits, par M. Méon. Paris, P. Didot, 1814, 4 vol. in-8, fig. de Monnet,
mar. rouge, dent., dos ornés, tr. dor.
(Motet).   120 fr.

   Rel. très fraîche.

1379. Loth (Arthur). Saint Vincent de
Paul et sa mission sociale. Introduction par Louis Veuillot. Paris, Dumoulin, 1880, gr. in-8, br.   15 fr.

   Nombreuses illustrations.

1380. Louvet de Couvray. Les
Amours du chevalier de Faublas. Paris, A. Tardieu, 1821, 4 vol. in-8,
demi-veau vert.   40 fr.

   Figures de Colin.

1381. Louvet de Couvray. Les
Aventures du chevalier de Faublas.
Nouvelle édition. Bruxelles, Rozez,
1869, 4 vol. in-8, demi-mar. rouge
avec coins, dos orné, tête dor., n.
rog. (reliure neuve).   50 fr.

   Illustré de 8 gravures sur acier, tirées sur Chine collé. Tirage à 150 ex.
sur papier de Hollande.

1382. Lucrèce. Di Tito Lucrezio Caro
della natura, delle coze libri sei, tra-
dotti dal latino in italiano da Ales-
sandro Marchetti. In Amsterdamo
(Paris), 1754. 2 vol. in-8, fig. mar.
rouge, fil. tr. dor., dos orné (reliure
ancienne).   250 fr.

   Très bel exemplaire en grand papier,
d'une fraîcheur extraordinaire. Cet ouvrage est illustré de 2 front., dessinés
par Eisen, gravés par Le Mire : de 2 titres dessinés et gravés par les mèmes
artistes ; de 6 figures dessinées par Cochin et Le Lorrain, gravées par Le Mire,
Sornique, Aliamet, Tardieu, de 7 en tête
dessinés par Le Mire, Chenu, Baquoy,
etc.

— Le même, 2 vol. in-8, veau marb.
antique, dos orné, fil. tr. dor. 75 fr.

   Bel exemplaire.

1383. Mabille (Victor). Les cigarettes,
poésies. Paris, Garnier, 1853, in-12,
br., couv.   1 fr. 50

   Edition originale.

1384. Macé (G.). Un cent garde. Paris,
Charpentier, 1893, in-12, br.   5 fr.

   1re édition.

1385. Magny (De). Nouveau traité historique et archéologique de la vraie
et parfaite science des armoiries. Paris, 1856, 2 vol. in 4, demi-rel., mar.
avec coins, tête dor., non rog.
                                  40 fr.

   Blasons coloriés.

1386. Magny. Les Odes d'Olivier de
Magny de Cahors, en Quercy, avec
une introduction de M. P. Blanche-

main. Lyon, Scheuring, 1876, in-8,
br., papier teinté.   4 fr.

1387. Maizeroy (René). L'Adorée. Paris, Havard, 1887, in-12, br.   5 fr.

   1re édition.

1388. Maizeroy (René). Masques. Paris, Havard, 1887, in-12, br.   5 fr.

   1re édition.

1389. Malherbe. Les OEuvres de M.
François de Malherbe. Imprimé à
Orléans et se vend à Paris, chez
Claude Barbin, 1659, in-12, marcq.
La Vall., chiffre au dos et aux an-
gles, dent. int., tr. dor. (Trautz-Bau-
zonnet)   80 fr.

1390. Malherbe. OEuvres recueillies
et annotées par M. L. Lalanne. Paris,
Hachette et Cie, 1862 1869, 5 vol. in-8
et album, demi-rel. dos et coins de
mar. vert, tête dor., non rog. (Closs)
                                  80 fr.

   De la collection des grands écrivains
de France. Exemplaire en gr. papier.

1391. Malpiere (D.-B.). La Chine.
Mœurs, usages, costumes, arts et
métiers, peines civiles et militaires,
cérémonies religieuses, monuments
et paysages, d'après les dessins originaux du père Castiglione, du peintre chinois Pu-Qna, etc., par MM. Dé-
veria, Regnier, etc. Paris, chez l'éditeur, 1825 1839, 2 vol. gr. in-4, papier
vélin, figures, demi-mar. vert, n.
rog.   120 fr.

   130 planches coloriées.

1392. Mangeot (H.). Traité du fusil de
chasse et moyens d'en améliorer la
portée, le fini et la durée, suivis de
quelques considérations sur la manière d'éviter les accidents, d'une
méthode de tir au pistolet, etc.
Bruxelles, 1851, in-8, demi-veau vert,
figures.   5 fr.

1393. Manne (De). Esquisses historiques sur quelques localités de la
Normandie (Orne, Calvados et Manche). Lyon, L. Perrin, 1869, in-8,
demi-mar. rouge, tête dor., n. rog.
                                  5 fr.

1394. Marguerite d'Angoulême, reine
de Navarre. L'Heptaméron des nouvelles. Publié sur les manuscrits par
les soins et avec les notes de MM. Le
Roux de Lincy et A. de Montaiglon.
Paris, Eudes, 1880, 4 vol. in-8, pap.
vergé, fig. de Freudenberg, brochés.
                                  60 fr.

1395. Marguerites (Les) de la Marguerite des princesses, texte de l'é-
dition de 1547, publié avec introduction. notes et glossaire par F. Franck
et accompagné de la reproduction

des gravures sur bois de l'original et d'un portrait de Marguerite de Navarre. Paris, librairie des bibliophiles, 1873, 4 vol. in-8, br., n. c., couv. 40 fr.

L'un des 15 exemplaires tirés sur papier Whatman.

1396. Marie Roman. Paris, Urbain Canel, 1832, in-12, demi-veau fauve, tr. jasp. 7 fr.

1397. Marius-Michel. La Reliure française depuis l'invention de l'imprimerie jusqu'à la fin du xviiie siècle. Paris, 1880, in-4, br. 45 fr.

Reproductions des plus belles reliures des xviie et xviiie siècles.

1398. Marmontel. Contes moraux. Paris, Brunet, 1776, 3 vol. in-8, veau écaille, fil. tr. marb., dos orné. 25 fr.

Portrait par Cochin, gravé par Saint-Aubin, titre répété à chaque volume et 23 figures de Gravelot, gravées par Baquoy, Legrand, Lemire, de Longueil, etc.

1399. Marot (Clément). Œuvres revues sur plusieurs manuscrits et sur plus de quarante éditions et augmentées tant de diverses poésies véritables que de celles qu'on lui a faussement attribuées, avec les ouvrages de Jean Marot, son père, ceux de M. Marot, son fils, et les pièces du différend de Clément Marot avec Fr. Sagon, accompagnées d'une préface historique et d'observations critiques par Lenglet Dufresnoy. La Haye, 1731, 4 vol. in-4, port. et vignettes, veau fauve, tr. dor. (rel. anc.). 60 fr.

Bel exemplaire.

1400. Marot (Clément). Œuvres choisies, accompagnées de notes historiques et littéraires, par M. Desprès. Paris, Janet et Cotelle, 1826, in 8, demi-chag. viol., tr. jasp. portrait. 5 fr.

1401. Martha (Jules). L'Art étrusque. Paris, Didot, 1889, gr. in-8, demi-mar. lavall., tête dor., éb. 20 fr.

Ouvrage illustré de 4 planches en couleurs et de 400 gravures dans le texte.

1402. Martial. Ancien Paris. 300 eaux-fortes, publiées de 1843 à 1866, réunis en 3 vol. in-4, demi-rel. (rel. fatiguée). 180 fr.

1403. Martin (H.). Histoire de France, depuis les temps les plus reculés, jusqu'en 1789. 17 vol. in-8, demi-chag. vert, tr. jasp. 80 fr.

Portraits et figures hors texte. Exemplaire très propre.

1404. Martyre (Le) des deux frères, contenant au vray toutes les particularitez plus notables des massacres et assassinats, commis ès personnes de tres-hauts, tres-puissans, et tres-chretiens princes, Messeigneurs le Reverendissime Cardinal de Guise, archevesque de Reims, et de Monseigneur le Duc de Guyse, Pairs de France. Par Henry de Valois a la face des Estats dernièrement assemblez à Bloys. Reveu par l'autheur et augmenté de plusieurs choses notables. S. l., 1589, pet. in-8, mar. r., dos orné, entrelac de fil. et comp. à fers azurés sur les plats, doublé de mar. vert, dent. semis de fleurs de lis, gardes de moire verte, tr. dor., étui de mar. brun jans, fil. à fr. (Lortic.) 250 fr.

La plus rare édition sous cette date de cette pièce fort vive et très curieuse. Elle se compose de 65 pp. la dernière ch. 58, 1 page blanche, 4 pp. non ch. qui contiennent la pièce de vers. Au Lecteur sur les deux anagrammes de l'auteur, et les Stances d'un gentilhomme catholique sur le martyre des deux frères, et enfin 1 f. blanc.

Les Anagrammes de l'auteur que l'on trouve au v° du titre et à la p. 65, donnent Charles Piuselet ; cette pièce serait-elle de Ch. Pinselet, l'auteur du Martyre de Jacques Clément ?

Bel exemplaire couvert d'une riche reliure.

1405. Mascarades monastiques et religieuses de toutes les nations du Globe, représentées par des figures coloriées dans la plus exacte vérité, avec l'abrégé historique, chronologique et critique de chaque ordre, enrichi de notes sur l'origine de toutes ces pieuses folies par Giacomo Carlo Rabelli. A Paris, l'an Ier de la République française, 1792, in-8, fig. mar. La Vall. jans., dent. int., tr. dor. (Trautz-Bauzonnet.) 175 fr.

Ouvrage orné de 26 figures noires et coloriées.

1406. Massillon. Petit Carême. Tours, Mame, 1862, gr. in-8, demi-mar. lavall. avec coins, tr. dor. 25 fr.

L'un des 100 exemplaires sur papier extra-fin.

1407. Massimi (Pacifico). Hecatelegium, ou les Cent Elégies satiriques et gaillardes de Pacifico Massimi, poète d'Ascoli (xve siècle) ; littéralement traduit pour la première fois, texte latin en regard. Imprimé à 120 exemplaires pour Isidore Liseux et ses amis. Paris, 1885, in-8 br. 30 fr.

xvi-356 pages.

Ce recueil de poésies, édité à Florence en 1489, est d'une insigne rareté : la copie du texte, pour cette nouvelle édition, n'a pu être prise que sur l'exemplaire de la Bibliothèque Nationale, acheté par elle douze cents francs.

Passifico Massimi (en latin Pacificus Maximus) est une sorte de Baffo avant la lettre. Son dédain de l'hypocrisie passe toute idée.

1408. Masson (Frédéric). Mémoires et lettres de Fr. J. de Pierre Cardinal de Bernis (1715-1758), publiés avec l'autorisation de sa famille, d'après les manuscrits inédits. Paris, Plon, 1878, 2 vol. in-8, br. 7 fr.

1409. Maupassant (Guy de). Des Vers. Paris, Havard, 1884, in-12, mar. vert, fil. large dent. aux coins, tr. dor., couv., portrait par Le Rat. (Bretault). 35 fr.

L'un des 20 exemplaires sur Chine.

1410. Maupassant (G. de). Mont-Oriol. Paris, Havard, 1887, in-12 br. 25 fr.

Edition originale.

1411. Maupassant (G. de). Yvette. Paris, Havard, 1885, in-12, br. 25 fr.

Edition originale.

1412. Maurepas. Recueil dit de Maurepas, pièces libres, chansons, épigrammes et autres vers satiriques, sur divers personnages des siècles de Louis XIV et Louis XV ; accompagnés de remarques curieuses du temps ; publiés pour la première fois d'après les manuscrits conservés à la bibliothèque impériale à Paris, avec des notices, des tables, etc. Leyde, 1865, 6 vol. in-12 br. 75 fr.

1413. Maurin (Albert). Galerie historique de la Révolution française. (1787-1799). Paris, Amic, s. d., 5 vol. gr. in-8, demi-veau. 10 fr.

Nombreux portraits.

1414. Maury. Correspondance diplomatique et Mémoires inédits du cardinal Maury (1792-1817). Annotés et publiés par Mgr Ricard. Lille, 1891. 2 forts vol. in-8, demi-percal., n. rog., port., couv. 12 fr.

1415. Maury (Don Juan Maria). Espagne poétique, choix de poésies Castillanes, depuis Charles-Quint jusqu'à nos jours, mises en vers français. Paris, Mongie, 1826, 2 vol. in-8, mar. bleu à long grain, fil. plats ornés, tr. dor. (H. Ihric. 40 fr.

Portraits, très jolie reliure.

1416. Médailles sur les principaux événements du règne de Louis-le-Grand, avec des explications historiques. A Paris, de l'imprimerie royale, 1702, in-fol., mar. rouge, dos orné, fil. tr. dor. (reliure ancienne). 80 fr.

Beau frontispice par Coypel, contenant un superbe portrait de Louis XIV, gravé par Simonneau et 289 pl. gravées. Les vignettes sont de Leclerc, les encadrements de Simonneau et les médailles de Cochin père. Superbe exemplaire de la 1re édition au chiffre et aux armes de Louis XIV.

1417. Meerman. De l'invention de l'imprimerie, ou analyse des deux ouvrages publiés sur cette matière. Paris, Schoell, 1809, in-8, cart. n. rog. 3 fr.

1418. Mémoires de Condé, servant d'éclaircissement et de preuves à l'histoire de M. de Thou, contenant ce qui s'est passé de plus mémorable en Europe. Ouvrage enrichi d'un grand nombre de pièces curieuses, qui n'ont jamais paru, et de notes historiques (par Secousse et Lenglet Defresnoy), orné de portraits, vignettes et plans de batailles. Londres et Paris, Rollin, 1743, 6 vol. in-4, front., portr. et pl., veau. (Rel. anc.) 60 fr.

Histoire religieuse, politique et militaire de la France sous François II et Charles IX.

1419. Mémoires du marquis d'Argenson, ministre sous Louis XIV, avec une notice sur la vie et les ouvrages de l'auteur publiés par René d'Argenson. Paris, Baudouin, 1825, in-8, demi-rel., veau fauve. 5 fr.

1 carte.

1420. Ménard. Histoire civile, ecclésiastique et littéraire de la ville de Nîmes, avec des notes et les preuves ; suivie de dissertations historiques et critiques sur ses antiquités, et de diverses observations sur son histoire naturelle. Paris, Chaubert, 7 vol. in-4, veau. 225 fr.

Deux planches de frontispice, plan et nombreuses figures. Bel exemplaire de cet ouvrage important qu'on trouve rarement complet.

1421. Mendès (Catulle). La colère d'un franc-tireur. Poème dit par M. Coquelin, de la Comédie-Française. Paris, Lemerre, 1870, pet. in-8, demi mar. noir, avec coins, tête dor., n. rog. (13 pages). 50 fr.

Exemplaire sur papier de Chine, auquel on a ajouté 3 aquarelles dans les marges par H. de Sta.

1422. Menestrier (Cl. Fr.). La philosophie des images énigmatiques, où il est traité des énigmes hiéroglyphiques, prophéties, divinations, talismans de la baguette, etc. Lyon, J. Guerrier, 1694, in-12, veau, de 491 pp. 3 fr.

Une planche se dépliant. Mouillures.

Et de Livres anciens et modernes

1423. **Menestrier** (Cl. Fr.). Eloge historique de la ville de Lyon, et sa grandeur consulaire sous les romains et sous nos rois. Lyon, Benoît Coral, 1569, 3 part. en 1 vol. in-4 vélin blanc.   20 fr.

Front. figures de blasons.

1424. **Mérard de Saint-Just**. L'Occasion et le Moment, ou les Petits Riens, par un amateur sans pretention. A La Haye et se trouve à Paris, chez Jombert. 1782, 4 parties en 1 v. in-12, mar. r. fil. doublé de tabis bleu, tr. dor. (Rel. anc.)   30 fr.

Bel exemplaire.

1425. **Mérard de Saint-Just**. Espiègleries. Joyeusetés, Bons mots, Folies, des Vérités (imprimé d'abord sous le titre de : Œuvres de la marquise de Palmarèze). A Paris, chez l'auteur, 1782, 3 vol. in-18, demi-rel. mar. bleu, coins, entièrement non rog.   225 fr.

Très bel exemplaire d'un livre recherché. Un des 40 exemplaires tirés sur papier vélin. On a ajouté un charmant portrait de Mérard Saint-Just gravé par Lebeau.

1426. **Mercier** (Sébastien). Paris pendant la Révolution (1789-1798) ou le Nouveau Paris. Paris. Poulet-Malassis 1862, 2 vol. in-12, demi-percal., n. rog., couv.   10 fr.

1427. **Mercier** (L.-S.). Tableau de Paris, critiqué par un Solitaire du pied des Alpes. A Nyon, en Suisse, de l'imprimerie de Natthey et Cie, 1783. 6 vol. in-8. demi-rel., veau f. ant.   150 fr.

Exemplaire auquel on a ajouté le frontispice et 91 figures à l'eau-forte, dessinées et gravées par Dunker.

1428. **Mérian** (Matt). La danse des morts comme elle est dépeinte dans la louable et célèbre ville de Basle, pour servir d'un miroir de la nature humaine. On y a ajouté une description de la ville de Basle et des vers à chaque figure. A Basle, chez R. Imhof, 1744, in-4, titre gravé et fig., veau, tr. rouges.   25 fr.

On a ajouté le titre français de l'édition de 1756.

1429. **Méon** (D. M.). Le roman du Renart, publié d'après les manuscrits de la bibliothèque du roi des xiii, xiv et xve siècles. Paris, Treuttel et Wurtz, 1826, 4 vol. in-8. veau vert. figures.   25 fr.

1430. **Mérimée** (Prosper). Chronique du règne de Charles IX. Paris, Testard, 1889, gr. in-8, demi-mar. rouge

avec coins, tête dor., n. rog., couv. (Pougetoux.)   60 fr.

110 compositions par Ed. Toudouze.

1431. **Merlet** (Jean). L'abrégé des bons fruits, avec la manière de les connoistre et de cultiver les arbres ; reveu et augmenté par l'autheur de plusieurs excellens et nouveaux fruits. A Paris, chez Charles de Sercy. 1675, in-12, mar. vert. milieu mosaïque, dorure à petits fers, tr. dor. (Belz-Niedrée.)   40 fr.

Bel exemplaire.

1432. **Meszeulreuter** (Johan). Neueröffneter Masquen-Saal, oder : Der verkleindeten Heydnischen Götter, Göttinnen und vergötterter Helden theatralischer Tempel... Bayreuth, Lobern. 1723, in-fol., pl., demi-rel. vél. blanc.   250 fr.

202 planches de masques, costumes de théâtre, etc.

1433. **Métamorphoses** (Les) de Melpomène et de Thalie, ou caractères dramatiques des comédies françoise et italienne. Paris, chez l'auteur, s. d. (1780), in-4, cart. n. rog.   100 fr.

Ouvrage orné d'un frontispice et de 23 planches représentant les acteurs en vogue, dans leur principal rôle, dessinées d'après nature, par Whirsker. Bel exemplaire.

1434. **Michel** (Ad.). L'ancienne Auvergne et le Velay. Histoire, archéologie, mœurs, topographie. Moulins, imprimerie de P.-A. Desrosiers, 1847, 4 vol. in-fol., demi-rel. mar. noir, dos et coins., tête dor., non rognés.   225 fr.

143 planches.

1435. **Michel** (Edm.). Monuments religieux, civils et miliiaires du Gatinais (départements du Loiret et de Seine-et-Marne), depuis le xie jusqu'au xviie siècle. Lyon, Pain et Orléans, 1879, in-4, demi-mar. rouge, n. rog.   40 fr.

107 planches hors texte. Publié à 100 fr.

1436. **Mionnet** (T.-E.). De la rareté et du prix des Médailles romaines, ou Recueil contenant les types rares et inédits des médailles d'or, d'argent et de bronze, frappées pendant la durée de la République et de l'Empire romain, seconde édition, revue, corrigée et augmentée. Paris, De Bure frères, 1827-1837, 3 vol. in-8, dont 1 de planches, v. fauve, dos ornés, 3 fil. avec coins dor., dent. int., tr. dor. (R. Petit.)   70 fr.

Rare.

Achat   de   Bibliothèques

1437. **Molière**. OEuvres. Illustrations de Jacques Leman. Notices par Anatole de Montaiglon. Paris. Lemonnyer, 1842. Les 12 premières livraisons in-4. 170 fr.

L'un des 125 exemplaires sur papier du Japon. avec une 2e suite de toutes les gravures du texte et hors texte tirées à part en bistre et une troisième en sanguine des grandes compositions hors texte.

Les 12 premières livraisons publiées au prix de 505 fr., comprennent : L'Estourdy. — Le Dépit amoureux. — Les Précieuses ridicules. — Sganarelle. — Jalousie du Barbouillé. — Le médecin volant. — Dom Garcie de Navarre. — L'Escole des maris. — Les Fâcheux. — L'Escole des femmes. — La Critique de l'escole des femmes. — L'Impromptu de Versailles. — Le Mariage forcé.

1438. **Molière**. OEuvres. Paris, Plon, 1884. 8 vol. pet. in-12, br. port. 25 fr.

De la collection des classiques français du prince Impérial.

1439. **Monbrigny** (De). Essais de morale, contenus en divers traités sur plusieurs devoirs importants. Paris, Ch. Saveux, 1672, à la sphère, 4 vol. in-18, mar. viol. à grain, long fil. tr. dor. (Vogel.) 75 fr.

Très jolie édition elzévirienne. Bel exemplaire.

1440. **Monde** (Le) dramatique. Histoire des spectacles. Paris, 1832-1839, 8 vol. in-8, fig. demi-rel. v. bleu. 150 fr.

Recueil orné de figures à l'eau-forte et en lithographie des principaux dessinateurs romantiques, entre autres Nanteuil, Girodet, Johannot, etc.

Série I. 7 vol. — Série II, 1er vol.

1441. **Monde** (Le) plein de folz, ou le Théâtre des nains, enrichi d'un discours chêné de leurs personages. Amsterdam, Wilhelmus Koning, 1716, 2 parties en 1 vol. in-fol., 2 frontispices et fig. gr., avec quatrains en allemand. français et hollandais, vél. blanc. 220 fr.

Recueil de 58 figures grotesques, entourées d'ornements bizarres, gravées en partie par Folkema. A la suite du volume. se trouvent 12 autres fig. satiriques sans encadrements.

1442. **Monicart** (J.-B.). Versailles immortalisé, ou les Merveilles parlantes de Versailles, composé en vers libres françois. Avec une traduction en prose latine. Paris, Ganeau et Quillau. 1720, 2 vol. in-4, fig,, v. brun. 30 fr.

1443. **Montlosier**. De la Monarchie française, depuis le retour de la maison de Bourbon jusqu'au 1er avril 1815. Paris, 1815, in-8 cart. n. rog. 3 fr.

1444. **Morlon** (G. de). Le dernier crime de Jean Hiroux. Paris, Poulet-Malassis, 1862, in-12 br., couv. 3 fr.

1445. **Mounier**. De l'influence attribuée aux philosophes, aux francs-maçons et aux illuminés sur la révolution de France. Paris, 1822, 1 vol. in-8, broché. 2 fr.

1446. **Nisard** (Désiré). Souvenirs et notes biographiques. Paris, C. Lévy, 1888, 2 vol. in-8, demi-percal., n. rog., couv., portrait 8 fr.

1447. **Nuove** inventioni di Balli opera vaghissima di Cesare Negri Milanese detto il Trombone nella quale si danno i giusti modi del ben portar la vita et di accommodarsi con ogni leggiadria di movimento alle creanze et Gratie d'Amore... In Milano appresso Girolamo Bordone, 1604, in-fol. de 4 ff. prél. non ch. 300 pp. irrégul. ch. et 2 ff. non ch. de table, pl. musique notée, vélin. 350 fr.

Traité de la danse, fort rare, orné d'un portrait de l'auteur et de 59 superbes planches dessinées par G. Mauro Rovera, dit Il Flammingho. et gravées sur cuivre par Leone Pallavicino, représentant les pas et les différentes danses par des personnages des deux sexes. Le volume contient en outre la musique notée des danses, et la page 203 deux planches superposées.
Timbre de bibliothèque sur le titre.

1448. **Origines** (Les) de quelques coutumes anciennes et de plusieurs façons de parler triviales. Avec un vieux manuscrit en vers touchant l'origine des chevaliers bannerets (par Moisant de Brieux). Caen, Cavelier, 1672, pet. in-12, mar. r. jans. dent. int. tr. dor. (Trautz-Bauzonnet). 100 fr.

Curieux traité, rare et recherché.
Bel exemplaire réglé.

1449. **Pascal** (Blaise). Les Provinciales ou lettres écrites par Louis de Montalte à un provincial de ses amis et aux R. R. Pères Jésuites. A Cologne, 1698, in-12, veau, port. 5 fr.

1450. **Pascal** (Blaise). Les Provinciales ou lettres de Louis de Montalte. Paris, Didot, 1816, 2 vol. in-8, demi-mar. lavall. tête rouge, n. rog. 8 fr.

1451. **Pascal** Lettres provinciales. Paris, bureau principal des éditeurs, 1830, 2 vol. in-8, demi-rel. toile, port. 5 fr.

1452. **Peignot** (Gabriel). Recherches historiques et littéraires sur les danses des morts et sur l'origine des cartes à jouer. Dijon et Paris, 1826, in-8, débroché, n. rog. 20 fr.

Orné de 5 lithographies et de vignettes. Rare.

Et de Livres anciens et modernes

1453. Peignot (Gabriel). Recherches historiques sur l'origine et l'usage de l'instrument de pénitence appelé discipline. Dijon, Lagier, 1841, broch., in-8 de 31 pp. 4 fr.

1454. Peignot (Gabriel). Documens authentiques et détails curieux sur les dépenses de Louis XIV. Paris, Renouard, 1827, in-8, br., n. rog. port. 12 fr.

1455. Peignot (Gabriel). Essai historique sur la liberté d'écrire chez les anciens et au moyen-âge : sur la liberté de la presse depuis le XVe siècle. Paris, imp. Crapelet, 1832, in-8, demi-mar. rouge avec coins. 10 fr.

1456. Peignot (Gabriel). Histoire morale, civile, politique et littéraire du Charivari, depuis son origine, vers le IVe siècle par le Dr Calybariat de Saint-Flour, suivie du complément de l'histoire des Charivaris jusqu'à l'an de grâce 1833, par Eloi-Christophe Bassinet, sous-maître à l'école primaire de Saint-Flour et aide-chantre à la Cat^l édrale. Paris. 1833, in-8, demi-mar. citr., tète dor., n. rog. (Thivet.) 30 fr.

Le plus rare des ouvrages de Peignot. Bel exemplaire.

1457. Pérégrination spirituelle (La) vers la Terre saincte, cöme en Jerusalem, Bethlehem, au Jordan, etc. Composée en langue Thyoise, par feu F. Jean Pascha... et novellemēt translatée par venerable seigneur, Nicolas de Leuze, dict de Fraxinis... A Louvain. de l'imprimerie de Jean Bogardt, à la Bible d'or, 1566, in-4, fig. sur bois, mar. noir, encadr. à fr. doublé de mar. r., jolie guirlande de feuillage, gardes en moire r., tr. dor., étui de mar. vert. doublé de peau de chamois. (Lortic(. 300 fr.

Première édition, très rare, de la traduction française de ce traité de mysticité, écrit d'abord en flamand. Le titre et chacune des pages de ce volume sont ornés d'un encadrement sur bois ; il renferme également plusieurs figures sur bois assez naïves.
Très bel exemplaire couvert d'une jolie reliure.

1458. Perrault (Ch.). Les Contes. précédès d'une préface par P. L. Jacob. Paris. Jouaust, 1876, 2 vol. in-12, demi-chag. rouge, tète dor., n. rog. 15 fr.

12 eaux-fortes par Lalauze.

1459. Perrault (Charles). Contes des fées en prose et en vers. 2e édition revue et corrigee sur les éditions originales et précédé' d'une lettre critique par Ch. Giraud. Lyon, impri-

merie L. Perrin. 1865, in-8, demi-rel. cuir de Russie, tète dor., non rog. 25 fr.

Portrait. figures dans le texte et hors texte.

1460. Petitot. Répertoire du théâtre français ou recueil des tragédies et comédies restées au théâtre depuis Rotrou. Paris, 1817. 25 vol. in-8, cart. percal., n. rognés. 40 fr.

1461. Phèdre, tragédie en trois actes, représentee devant Leurs Majestés, à Fontainebleau. mise en musique par M. Le Moyne. A Paris, 1786, in-4, musique gravée, mar. rouge, tr. dor. Rel. anc.). 30 fr.

Exemplaire aux armes de M. de Serilly.

1462. Piazzi (Adriana). Pharos. Paris. Delagrave, 1886, petit in-4 br. n. c, 2 fr.

Papier teinté. 15 dessins par Sandoz.

1463. Pichon (L. A.). De l'état de la France sous la domination de Napoléon Bonaparte. Nouvelle édition augmentée. Paris, Nicolle, 1814, in-8, demi-veau. 2 fr.

1464. Pinset et **J. d'Auriac.** Histoire du portrait en France, ouvrage couronné par la Société des études historiques, publié par les soins de la Société d'encouragement pour la propagation des livres d'art. Paris, au siège de la Société, 1884, pet. in-4, br. 12 fr.

Nombreux portraits dans le texte et hors texte.

1465. Plaisirs de l'amour (Les) ou recueil de contes, histoires et poëmes galans. Apollon au Montparnasse, 1782. 3 tomes en 1 vol. pet. in-12, demi-veau avec coins, tr. dor. 15 fr.

1 frontispice et 16 charmantes figures non signées. Ce recueil contient des pièces de Dorat, Bordes, Voltaire, Lafontaine, etc. — L'Amour oiseleur, les Devirgineurs. les Cerises, Alphonse, Euphrasie, le Paysan qui a ait offensé son seigneur. Parapilla, Joconde, Rosine, les Trois manieres, Ver-Vert, Camille, Ce qui plait aux dames, la Fiancée du du roi de Garbe, le Petit chien qui secoue de l'argent et le Savetier.

1466. Poellnitz (De). La Saxe galante. Amsterdam. 1734. titre rouge. — Etat abrégé de la cour de Saxe. sous le règne de Auguste III, roy de Pologne, 1734. Ensemble 2 ouvrages en 1 vol in-12, mar. bleu, dent. int., tr. dor. (Chambolle-Duru). 30 fr.

Armoiries sur les plats. Bel exemplaire gr. de marges avec de nombreux témoins.

Achat de Bibliothèques

1467. **Poésies** de Marguerite-Eléonore-Clotilde de Vallon-Chalys, depuis madame de Surville, poète françois du 15e siècle. Nouvelle édition publiée par Ch. Vanderbourg, 1 vol. — Poésies inédites de Clotilde de Surville, publiées par MM. de Roujoux et Ch. Nodier. 1 vol. Paris. Nepveu, 1824-1827, 2 v. l in-8. demi-rel. chag. vert avec coins, tête dor. n. rog. **20 fr.**

2 suites de figures dans le genre gothique d'après les dessins de Collin, élève de Girodet. Exempl., gr. papier.

1468. **Poésies** diverses. Berlin, Ch. Voss, 1760, in-4, veau, fil. **3 fr.**

Frontispice et vignettes.

1469. **Poitevin** (Prosper). Une nuit chez Putiphar, étude biblique. Paris, Tresse, 1841, in-18, cart., n. rogn., figure. **5 fr.**

1470. **Portraits**. Recueil de portraits divers. En un vol. in-4, vélin. **150 fr.**

Littérateurs, savants, personnages de la Révolution, etc. Sieyès, Grégoire, Beaumarchais (dans les nuages), marquis de Bièvre, La Guérinière Thiverny, économe de Bicêtre, Lantara (Pense-t-il à son Art ou au marchand de vin ?), les frères de Bure, Mirabeau, portrait en couleur, Kellermann, l'abbé Delille, portrait en couleur, Bonaparte, Nelson, etc. Ensemble 76 portraits.

1471. **Premier (second et tiers) volume des ⏐ illustrations de la Gaule Belgique** (Le) ⏐ antiquitez du pays de Haynau et de la grad cité de Belges : a present dicte Ba ⏐⏐ vay ⏐ dont procèdent les chaussées de Brunehault... (⏐⏐ On les vend a Paris en la grand'rue sainct Jacques ⏐ en la boutique de François Regnault... 1531-1532. 3 tomes en 1 vol. in-fol. goth. à 2 col. mar. r. dos et plats ornés d'entrelacs en mosaïque de mar. noir et bleu, doublé de mar. vert. bel encadr. de guirlandes de feuillage. gardes de moire verte, tr. dor. étui de mar. vert doublé de peau de chamois (Lortic.). **900 fr.**

Cette histoire est extraite des livres de latins de Jacques de Guyse, alors inédits, par Jean Lessabrée. Elle se termine à l'année 1258. Chaque partie possède un titre particulier. avec le même encadrement gravé sur bois, portant le nom de Galliot du Pré ; la marque de cet imprimeur se trouve en outre au verso du dernier f. — Grande planche sur bois. représentant l'auteur offrant son livre au roi ; lettres ornées.

Bel exemplaire. grand de marges : riche reliure.

1472. **Premier** (Le) (second tiers et quatriesme) vollume de la mer des hystoires et croniques de France. Et

fut ascheue de imprimer à Paris pour Galliot du Pré, Michel Lenoir et Jehan Petit, 1517-1518, 2 vol. in-4, caract. goth. à 2 col. veau. **20 fr.**

Tome Ier et tome III. Nombreuses lettres ornées et gravures sur bois.

1473. **Prévost** (L'Abbé). Manon Lescaut. Préface par A. Dumas, fils. Paris, Glady, 1875, in-8, demi-mar. grenat avec coins, tête dor., n. rog., couv. **22 fr.**

Portrait et eaux-fortes de Flameng.

1474. **Quesné**. Les intrigues du jour, ou quatre tableaux de nos mœurs, suivies d'un tableau sans intrigue. A Paris. chez Rosa. 1820, in-12, demi-veau. n. rog. **3 fr.**

Frontispice:

1475. **Rabelais**. La plaisante et joyeuse histoyre du grand geant Gargantua prochainement revueue et de beaucoup augmentée par l'autheur mesme. A Valence. chès Claude La Ville, 1547. 3 tomes en un vol. in-16, fig. sur bois, mar. rouge, fil. dos orné à petits fers. tr. dor. (Trautz-Bauzonnet.) **150 fr.**

Réimpression de l'édition de Valence, 1547.

1476. **Recherches** sur la vie et les œuvres de P. Claude-François Menestrier. de la compagnie de Jésus ; suivies d'un recueil de lettres inédites de ce Père à Guinechon, et de quelques autres lettres de divers savants de son temps, inédites aussi. Lyon, N. Scheuring (imprimerie de L. Perrin). 1856, gr. in-8, portr. mar. r. fil. dos orné, dent. int. tr. dor. (Hardy.) **40 fr.**

Bel exemplaire sur papier vergé teinté, tiré à petit nombre.

1477. **Regnault de Warin**. Cinq mois de l'histoire de france ou fin de la vie politique de Napoléon. Paris, 1815, in-8, demi-veau vert. **3 fr.**

Avec une figure historique.

1478. **Régnier**. Les satyres et autres œuvres, du sieur Régnier, augmentées de diverses pièces cy-devant non imprimées. Leiden, Jean et Daniel Elzevier, 1652, pet. in-12, mar. r. dos orné. fil. comp. genre Le Gascon, dent. int. dor. (Trautz-Bauzonnet.) **250 fr.**

Très jolie édition, recherchée tant à cause de sa rareté que de sa belle exécution typographique : les satyres 18 et 19 s'y trouvent imprimées pour la première fois.

Charmant exemplaire. grand de marges : il provient de la bibliothèque Baucel (750 fr.). — Hauteur 127 mill. 1/2.

Et de Livres anciens et modernes

1479. Regnier. Satyres et autres œuvres, accompagnées de remarques historiques. Nouvelle édition considérablement augmentée. Londres, J. Tonson, 1733, in-4, veau écaille, fil., tr. marb., texte encadré, front.　　15 fr.

1480. Regnier (Mathurin. Œuvres complètes, accompagnées d'une notice biographique, variantes, index, etc. par E. Courbet. Paris, Lemerre, 1875, gr. in-8, br.　　15 fr.

L'un des 30 ex. sur papier Whatman.

1481. Rigaud. Vues des principaux chateaux et jardins royaux de France, recueil contenant quatre-vingt-quinze planches in-fol. cart.　　250 fr,

Quelques planches ont été remontées, superbes épreuves.

1482. Rouaix (Paul) Dictionnaire des arts décoratifs à l'usage des artisans, des artistes, des amateurs et des écoles. Paris, librairie illustrée, s. d., in-4, demi-chag. rouge.　　8 fr.

Ouvrages illustré de 541 gravures.

1483. Rousselet. (Louis). L'Inde des Rajahs. Voyage dans l'inde centrale et dans les présidences de Bombay et du Bengale. Paris, Hachette, 1875, in-4, perc. rouge tr. dor.　　45 fr.

Illustré de 315 gravures sur bois et de 6 cartes.

1484. Roux (Joseph). Pensées. Introduction par P. Mariéton. Paris, Lemerre, 1885, gr. in-8, br.　　2 fr.

1485. Saint Albin (De). Les salles d'armes de Paris. Paris, Glady, frères, 1875, in-8, br.　　15 fr.

Nombreux portraits, exemplaire papier Van Gelder.

1486. Saint Cyran (l'abbé de). Question royalle et sa décision. A Paris, chez Toussaint du Bray, 1609, in-12, dérelié.　　5 fr.

Réimpression faite au XVIII⁰ siècle. Voici d'après une note Mss, de Clément. garde de la Bibliothèque. l'origine de cet ouvrage : « Henri IV, après la bataille d'Arques qu'il gagna. dit que s'il l'avait perdue il se serait sauvé dans un esquif en Angleterre. Un courtisan lui représenta qu'il aurait fallu des provisions vu l'inconstance de la mer ; un gros officier lui dit, en montrant son gros ventre : « Sire, vous ne seriez pas mort de faim, car j'aurais ouvert mon ventre pour vous en donner les boyaux. » Et là-dessus on agita la question si, en ce cas, on pouvait se tuer soy-mesme. M. de La Chastre. auprès duquel était alors Saint-Cyran. lui en demanda son sentiment et il écrivit la « Question royalle. »

1487. Sallé (Alexandre). Vie politique de Charles-Maurice prince de Talleyrand. Paris, Hivert, 1834. gr. in-8, cart. n. rog.　　4 fr.

1488. Salluste. C. Crispus Sallustius et L. Annaeus Florus. Omnia quæ exstant. Birminghamiæ, typis Joh. Baskerville. 1773, in-4, mar. rouge. fil., dos orné, tr. dor. (Rel. anc.)　　60 fr.

Bel exemplaire.

1489. Salnove (Robert de). La Vénerie Royale, divisée en 14 parties ; qui contiennent les chasses du cerf, du lièvre, du chevreuil, du sanglier, du loup et du renard. Avec le dénombrement des forests et grands buissons de France, où se doivent placer les logemens, questes et relais pour y chasser. Paris, A de Sommaville, 1655, in-4, veau fil. front. gravé.　　100 fr.

1490. Satyre Menippée de la vertu du catholicon d'Espagne et de la tenue des estats de Paris. Avec des remarques et explications des endroits difficiles. Ratisbonne, Kerner, 1664, in-12, veau fig.　　15 fr.

1491. Savary. Grammaire de la langue arabe, vulgaire et littérale. Ouvrage posthume, augmenté de quelques contes arabes par l'éditeur. Paris, imprimerie impériale' 1813, in-4, demi-veau gris.　　12 fr.

1492. Scarron. Le Jodelet ou le M. Valet, comédie. A Paris, chez T. Quinet, 1648. — L'héritier ridicule ou la danse intéressée, comédie dédiée au prince d'Orange. A Paris, chez T. Quinet, 1650. — Les trois Dorothées. ou le Jodelet souffleté. Paris, T. Quinet, 1651. ens. 3 ouvr. en 1 vol. in-8, mar. bleu, fil. à froid, milieux dorés, dent. int., tr. dor.　　12 fr.

L'Héritier ridicule se trouve ici en édition originale. Les ff. 27-28, et 29-30 du Jodelet sont déchirés et une partie du texte est enlevée, Le f. 127-128, de la même pièce est remargée.

1493. Scarron. Typhon ou la Gigantomachie, dédiée à Msr l'éminentissime cardinal Mazarin. A Paris, chez T. Quinet, 1648. front. — Recueil des œuvres burlesques de M. Scarron, première partie. Dédiées à sa chienne. A Paris, chez T. Quinet, 1648. — Suite de la première partie des œuvres burlesques de M. Scarron. A Paris, chez T. Quinet. 1648. — Ens. 3 parties en 1 vol. in-4, chag. bleu, fil. à fr., milieux ornés, dent. int. tr. dor.　　25 fr.

La Première partie et la Suite de la première partie des Œuvres burlesques.

Achat de Bibliothèques

se trouvent ici en éditions originales.
Typhon est de la seconde édition.

1494. Scarron. OEuvres. Nouvelle édition, corrigée et augmentée de l'histoire de sa vie et de ses ouvrages, d'un discours sur le style burlesque et de quantité de pièces omises dans les éditions précédentes. A Amsterdam, chez J. Wetstein, 1752, 7 vol. pet. in-12, portrait et front. v. f., dos orné, fil., tr. dor. (Muller.)   90 fr.

1495. Scarron. La Relation véritable de tout ce qui s'est passé en l'autre monde au combat des Parques et des Poètes, sur la mort de Voiture, et autres pièces burlesques. A Paris, chez T. Quinet. 1648, front. de La Belle. — La suite des œuvres burlesques de M. Scarron. Paris, T. Quinet, 1651. — Les œuvres burlesques de M. Scarron, 3e partie. Paris, T. Quinet, 1651. — Ens. 3 parties en 1 vol. in-4, chag. bleu, fil. à fr., milieux dor., dent. int., tr. dor. (Duru.) 20 fr.

La Relation et la Troisième partie des Œuvres burlesques se trouvent ici en éditions originales ; à la première pièce, le frontispice, le titre et le dernier feuillet sont doublés, et les 6 premiers feuillets sont remmargés.

1496. Scarron. Recueil de quelques vers burlesques. A Paris, chez T. Quinet, 1643. 2 part. en 1 vol in-4, mar. bleu, fil. à froid, milieux ornés, dent. int., tr. dor.   30 fr.

Edition originale.

1497. Schiller. OEuvres, traduction nouvelle par Ad. Regnier. Paris, Hachette, 1859, 8 vol. in-8, demi-mar. rouge avec coins, tête dor. n. rog.   125 fr.

L'un des 100 exemplaires numérotés, sur grand papier vélin.

— Le même, br.   75 fr.

1498. Senecœ. Opera omnia. Ex ult : J. Lipsi et J. T. Grononi emendatione et senecœ rhetoris quæ exstant ex And Schotti recens. Amstelodami, Apud Elzeverios, 1659, 4 vol. in-12, veau fauve, tr. dor. (Simier).   30 fr.

Le 4e vol. contient les notes de Gravonius, front. et figures gravées. Haut. 135 mill.

1499. Sensuit Le La ‖ Byrith de For ‖ tune et séjour ‖ des troys no ‖ bles dames, composé par l'acteur des Re ‖ gnars traversans et loups ravisans. Sur ‖ nommé le traverseur des voyes périlleuses. ‖ (Au recto de l'avant-dernier f.:)... Nouvellemēt imprimé à Paris p Alain Lotrian demourant a la rue neufve nostre dame à l'enseigne de l'escu de France, s. d. in-4, goth. de 4 ff. prél. non ch. avec bordures sur bois et 138 ff. non

ch. de texte, mar. olive, fil. dent. int. tr. dor. (Koehler.)   150 fr.

Edition fort rare, parue de 1532 à 1541, de ce poème composé par Jean Bouchet. — Le titre, imprimé en rouge et noir, est orné d'une figure sur bois : une seconde figure, assez singulière, occupe le verso du dernier f.
Légers raccommodages dans la marge extérieure du dernier f.

1500. Silvestre (J.-B.). Paléographie universelle. Collection de fac-similé d'écritures de tous les peuples et de tous les temps, tirés des plus authentiques documens de l'art graphique, chartes et manuscrits existant dans les archives et les bibliothèques de France, d'Italie, d'Allemagne et d'Angleterre, publiés d'après les modèles écrits, dessinés et peints sur les lieux mêmes par M. Silvestre et accompagnés d'explications historiques et descriptives par MM. Champollion-Figeac et Aimé Champollion, Paris, typogr. de Firmin-Didot frères, 1839-1840 (t. I et II), 2 vol. in-fol. max, pap. vél., pl. color., demi-rel. dos et coins de chag. r., dos ornés, tr. dor.   350 fr.

Les tomes 1 et 2 seulement. Tâche d'encre au commencement du tome 2 sur la marge du bord. Tâches de rousseur.

1501. Soupers du Lasca (Les), ou recueil des nouvelles d'Anton francesco Grazzini Florentin dit le Lasca (XVIe siècle), traduct. complète et littérale. Paris, Liseux, 1882, 2 vol. in-16 br., papier de Hollande (publié à 20 fr.).   12 fr.

Grazzino qui naquit à Florence le 22 Mars 1503, fut un des fondateurs des deux académies les plus célèbres de cette ville, savoir, la Grande Académie ou Académie Florentine, appelée dans le principe, Académie des Humides et celle de la Crusca qui naquit 40 ans plus tard. On s'accorde à lui trouver beaucoup de naturel, un bon choix d'expressions et de pensées neuves, il mourut le 18 février 1584.

1502. Staël (la baronne de). Considérations sur les principaux évènements de la révolution française, ouvrage publié par le duc de Broglie et le baron de Staël. Paris, 1818, 3 vol. in-8, brochés.   5 fr.

1503. Staël (Mme la baronne de). OEuvres complètes. précédées d'une notice par Mme Necker de Saussure. Paris, Treuttel et Würtz, 1820, 17 vol. in-8, demi-mar. bleu, tr. jasp., portr.   65 fr.

Bel exemplaire.

1504. Stanlay (H.-M.). Dans les ténèbres de l'Afrique, recherche, délivrance et retraite d'Emin Pacha. Paris, Hachette, 1890. 2 vol. in-8 br. 18 fr.

Contenant 150 gravures d'après les dessins de A. Forestier, Sydney Hall, Monbard, Riou, 3 grandes cartes tirées en couleur.

1505. Sterne. OEuvres complètes. Paris, Bastien, 1803, 6 vol. in-8, demi-veau, tr. peigne, avec coins. 12 fr.

16 figures de Misbach et Chasselat avant la lettre.

1506. Sterne (Laurence). Voyage sentimental en France et en Italie. Traduction nouvelle. Paris, Jouaust, 1874, in-8, demi-mar. citron avec coins, tête dor. n. rog., dos orné. (Pouillet). 18 fr.

6 eaux-fortes par Edm. Hédouin.

1507. Sterne (L.). Voyage sentimental en France et en Italie, traduction nouvelle et notice par M. Em. Blémont, illustrations de Maurice Leloir comprenant 220 dessins dans le texte et 12 grandes compositions hors texte. Paris, Launette. 1884, gr. in 8. br. couv. ill. 35 fr.

1508. Surius. (B.). Le Pieux Pèlerin, ou Voyage de Jérusalem, divisé en trois livres contenans la description topographique de plusieurs Royaumes, Païs, Villes, Nations estrangères nommement des quatorze Religions orientales, leurs mœurs et humeurs, tant en matière de religion que de civile conversation. etc. Le tout remarqué et recueilli par le Père Bernardin Surius. A Brusselles, François Foppens, 1666, in-4, veau brun. 40 fr.

1509. Swift. Les quatres voyages du capitaine Lemuel de Gulliver. Traduction de l'abbé Desfontaines, revue, complétée et précédée d'une notice par H. Reynald. Paris, Jouaust, 1875, 2 vol. in-8. demi mar. vert, avec coins, tête dor., n. rog., couv. 50 fr.

Gravures à l'eau-forte. par Ad. Lalauze.
Exemplaire sur papier de Hollande.

1510. Sylvain Maréchal Costumes civils actuels de tous les peuples connus, dessinés d'après nature et coloriés. accompagnés d'une notice historique sur les mœurs. usages, coutumes, religions, fêtes. supplices, funérailles, sciences et arts. commerce etc.. de chaque peuple. 2e édition. Paris, chez Deterville, s. d., 4 vol. in-8. veau rac., papier fort. 100 fr.

305 planches coloriées.

1511. Tabarant (Ad.). Virus d'amour. Bruxelles, 1886, in-8, demi-mar. bleu avec coins. tête dor., n. rog., dos orné, couv. 8 fr.

1512. Tableau de mœurs au xe siècle, ou la cour et les lois de Homel-le-Bon, roi d'Aberfravo de 907 à 948 ; suivi de cinq pièces de la langue française au xie et xiie siècles. telle qu'elle se parloit en Angleterre, après la conquête de Guillaume de Normandie et terminé par une notice historique sur la langue anglaise depuis son origine, jusqu'au xviiie siècle. Paris. de l'imprimerie de Crapelet, 1832, gr. in-8, demi-mar. laval. avec coins, tête dor., n. rog. 18 fr.

1513. Tableaux historiques des campagnes d'Italie. suivis du précis des opérations de l'armée d'Orient, des détails sur les cérémonies du sacre, etc. Paris, Auber, 1806, in-fol. cart. 50 fr.

Planches gravées d'après C. Vernet.

1514. Tabourot. Les Bigarrures et touches du seigneur des Accords, avec les apophtegmes du sieur Gaulard et les escraignes dijonnoises. A Rouen, chez Louis du Mesnil, 1640, 2 vol. pet. in-8, veau fauve. 25 fr.

Edition rare.

1515. Tacite. Caius Cornelius Tacitus cum selectis variorum interpretum notis Oberlin et de Calonne. Parisiis, 1824. 5 vol. in-8, veau vert, orn. à froid sur les pl., tr. dor. 7 fr.

Cet ouvrage a été donné en prix, par le collège royal Henri IV, dont le nom se trouve sur le plat des volumes.

1516. Tahureau. Les Poésies de Jacques Tahureau. du Mans, mises toutes ensemble et dédiées au cardinal de Guyse. Paris. Ruelle, 1574, in-8, mar. bleu, fil. à fr. et encadrement doré. genre de Tournes, dent int. tr. dor. (Trautz Bauzonnet.) 250 fr.

Edition la plus complète de ce poète, l'un des meilleurs et l'un des plus gracieux de l'école de Ronsard.

Exemplaire de la bibliothèque Bancel. (430 fr.). Quelques petites restaurations.

1517. Tahureau (Jacques). Poésies, publiées par Prosper Blanchemain. Paris, Jouaust, 1870, 2 vol. in-12, br. n. rog. 20 fr.

L'un des 15 ex. sur papier de Chine. Du cabinet du bibliophile.

1518. Talleyrand. Brochures reliées en 1 vol. in-8. cart. 5 fr.

Décret du 13 Avril mal justifié par

Achat de Bibliothèques

Mgr l'évêque d'Autun. — La fameuse semaine ou le Peuple de Paris sept fois heureux. — Précis de la vie du prélat d'Autun, digne ministre de la fédération. — La confession de l'évêque d'Autun. — Lettre à M. l'Evêque d'A°°°. — Observations sur les éclaircissements donnés par le C°n Talleyrand. — Le masque tombé ou Talleyrand-Périgord ce qu'il est, ce qu'il fut, ce qu'il sera toujours. — M. de Chabannes à M. de Talleyrand, premier ministre du roi. — Notice historique sur Marie-Armand de Guerry de Maubreuil.

1519. Taschereau. Revue rétrospective ou archives secrètes du dernier gouvernement, 1830-1848, 30 numéros. en 1 vol. gr. in-8, demi mar. vert. avec coins, tête dor. éb., dos orné. **20 fr.**

1520. Taxile Delord. Histoire du second Empire. Baillière, 1869, 6 vol. in 8, demi-chag. rouge, tr. jasp. **28 fr.**

Exemplaire très propre.

1521. Thaumas de La Thaumassière (Gaspard). Décisions sur les coutumes du Berry. Nouvelle édition augmentée de notes Bourges, veuve Jacq. Boyer, 1744, in-4, veau marb. **15 fr.**

1522. The Life and Pontificate of Leo the Tenth. By William Roscoe. Liverpool, Cadell and Davies. 1805, 4 vol. in-4, port. mar. bleu à long grain, dos orné, large dent. sur les plats, doublé et gardes de moire jaune avec encadr. de mar. bleu, fil. tr. dor. (Rel. anglaise.) **65 fr.**

Bel exemplaire sur grand papier vélin, aux armes de la famille Médicis di Ottajano, dont Léon X était un ancêtre.

1523. Thierry (Augustin). Récits des temps Mérovingiens. Paris, Hachette, 1887, in-4 br. **18 fr**

Contenant 42 dessins de J. P. Laurens.

1524. Thierry (Ed.). La Comédie française pendant les deux siècles (1870-71). Paris, Tresse, 1887, fort vol. in-12. demi mar. grenat, avec coins, tête dor. n. rog., couv. **5 fr.**

1525. Traité général des chasses a cour et à tir. Par une société de chasseurs et dirigé par M. Jourdain, inspecteur des forêts et des chasses du roi. Paris, Audot, 1822, 2 vol. in-8 demi-mar. lavall. tr. jasp. **16 fr.**

36 planches.

1526. Travestissements grotesques, 12 planches anglaises en couleur, réunies dans un album in-4, demi-percal. avec coins, n. rog , montées sur onglets. **40 fr.**

1527. Trésor des pièces rares ou

inédites (le). Paris. Aubry, 1855-1861, 20 vol. pet. in-8, pap. vergé. titre r. et n., cart. perc. prise, non rog. **65 fr.**

(Œuvres inédites de P. de Ronsard. — La Ruelle mal assortie. — Les Loix de la galanterie (1644.) — Description de la ville de Paris au xve siècle par Guilbert de Metz. — Mémoire du Voyage en Russie fait en 1586, par Jehan Sauvage, suivi de l'Expédition de Fr. Drake en Amérique. - Les Eglises et Monastère de Paris, pièces en prose et en vers des ixe xiiie et xive siècles. — La Journée des Madrigaux, suivie de la Gazette de Tendre. — Chansons et Saluts et d'amour de Guillaume de Ferrières dit le Vidame de Chastre. — Philobiblion, excellent traité sur l'amour des Livres, par Richard de Bury. Les Vers de maitre Henri Baude, poète du xve siècle. — Ch. Du Lis. Opuscule historiques relatifs à Jeanne d'Arc. — Procès de François Ravaillac. — Récit des Funérailles d'Anne de Bretagne. — Le Livre de la chasse du grand Seneschal de Normandie. — Chants historiques et populaires du temps de Charles XII et de Louis XI. — L'Enlèvement innocent (1609-1610) vers itinéraires et faits en chemin, par Claude-Enoch Virey. — Le Blason des couleurs en armes, livrées et devises par Sicile. — Paris au xiiie siècle. par Springer. — La Vieille, où les dernières amours d'Ovide trad. du latin de Richard de Fournival par J. Lefèvre. — Les Jeux d'esprit, ou la Promenade de la princesse de Conti à Eu, par Mlle de la Force.

1528. Trogii Pompeii | Historiis | ex | ternis libri | XXXXIII. | Item | ex Sex. Aurelio | Victore de vita et moribus | Romanorum imperato | | rum Epitome. | Apud Seb. Gry | phium, Lug | duni | 1546, in-16, v. f. dos et plats dor. de comp. à mosaïque peints et dor., tr. dor. et ciselée. (Rel. lyonnaise du XVIe siècle). **250 fr.**

Jolie édition, non citée, imprimée en petits caractères italiques très fins.
Exemplaire réglé, bien conservé, et couvert d'une jolie reliure.

1529. Types (les) de Paris. Edition du figaro. texte par E. de Goncourt, Alph. Daudet, E. Zola, Ant. Proust, R. de Bonnières, Guy de Maupassant, P. Bourget, Huysmans, Stéphane, Mallarmé. Paris, Plon, 1889, in-4, demi rel. mar. lavall. **15 fr.**

Illustrations de Raffaelli.

1530. Valerii. Pro bigrammatici de scripturius antiquis compêdiosum opusculum. Parisiis, Apud petrum Vidoneum ubi et impressum, 1832, in-12 format-agenda, fil., dos orné, dent. int., tr. dor. (Trautz-Bauzonnet). **50 fr.**

Très joli petit volume.

Et de Livres anciens et modernes

VIENT DE PARAITRE
LE PREMIER FASCICULE

DU

MANUEL

DE

L'AMATEUR DE LIVRES

PUBLIÉS OU RÉIMPRIMÉS AU XIXᵉ SIÈCLE

PAR

GEORGES VICAIRE

Avec une Préface de MAURICE TOURNEUX

Ce *Manuel* qui est l'œuvre d'un bibliographe consciencieux, constitue le véritable complément du *Manuel du libraire* de Brunet pour le XIXᵉ siècle.

EN SOUSCRIPTION

Prix du fascicule sur papier vélin . . . . **10** fr.
vergé de Hollande . . . . **20** fr.

Aucun volume ni fascicule ne sera vendu séparément

D'EYLAC

LA BIBLIOPHILIE EN 1893

TOME II

Un beau volume in-8, imprimé sur papier de Hollande.
Tirage à 300 exemplaires numérotés dont 220 seulement mis dans le commerce.

Prix de l'ouvrage . . . . **10** fr.

DU MÊME AUTEUR

LA BIBLIOPHILIE EN 1891-92

TOME I

Prix . . . . **10** fr.

NOTA : Vu le nombre restreint d'exemplaires, nous prions MM. les Amateurs et Libraires de nous adresser leurs demandes le plus tôt possible.

Le Propriétaire-Gérant : **Th. BELIN.**

Péronne. — Imp. Eug. CRÉTY, 24, Grande Place.

www.ingramcontent.com/pod-product-compliance
Lightning Source LLC
LaVergne TN
LVHW021636170726
843501LV00007B/2241